Was sind und wie schmecken Salbeimäuse? Auf welche Weise genoß der Kaiser von China die Magnolienblüte? Wie backt man Elsässischen Rhabarberkuchen? Oder die wunderbaren Rosmarinplätzchen? Gartenlust ist auch Gaumenlust! Und ein Rätselspiel. Was hatte Goethe mit der Akelei im Sinn, wie verlor sich Monet an die Seerosen? Warum ist der Lavendel ein Rosenkavalier und nicht jeder Gartenzwerg verächtlich?

Das sind Fragen, die in der *Neuen Gartenlust* ihre Antwort finden. Daneben liefern die Pflanzenminiaturen von Johannes Roth aus dem *Frankfurter Allgemeine Magazin* die nötige botanische Wissenschaft und natürlich Hinweise auf die gärtnerische Praxis.

Die neue Gartenlust fährt fort, wo die *Gartenlust* endete, ohne am Ende zu sein: an der Grenze zwischen Pflanzanleitung und Kulturgeschichte, auf halbem Wege zwischen Kompost und Küche, zwischen Bewahren und Erneuern. Für den am Abend ruhig gewordenen Gärtner auf seiner Gartenbank gilt noch immer der schöne Satz von Vita Sackville-West: »Manchmal sitze ich und denke; und manchmal sitze ich bloß.«

Johannes Roth, dem Garten wie dem *Frankfurter Allgemeine Magazin* passioniert zugetan, hat mit seinem Bestseller *Gartenlust* (it 1390) die Leselust auf Neues geweckt – auf *Die neue Gartenlust*. Marion Nickig, Blumenfotografin aus Essen, trägt auch hier das Ihre zum Augenschmaus bei.

insel taschenbuch 1571
Johannes Roth
Die neue Gartenlust

Johannes Roth

DIE NEUE GARTENLUST

Dreiunddreißig Blumenstücke
und Anleitungen
zur gärtnerischen Kurzweil
Mit farbigen Fotografien
von Marion Nickig
Insel Verlag

insel taschenbuch 1571
Erstausgabe
© Insel Verlag Frankfurt am Main und Leipzig 1994
Alle Rechte vorbehalten
Vertrieb durch den Suhrkamp Taschenbuch Verlag
Umschlag nach Entwürfen von Willy Fleckhaus
Satz: Satz-Offizin Hümmer, Waldbüttelbrunn
Druck: Nomos Verlagsgesellschaft, Baden-Baden
Printed in Germany

1 2 3 4 5 6 – 99 98 97 96 95 94

Die neue Gartenlust

Vorwort

Die Amseln haben die Schnäbel schon geschlossen. Das Rotkehlchen schnickert noch. Es spricht mit dem Gärtner, der auf der Terrasse sitzt und in der aufsteigenden Dunkelheit eine Churchill glimmen läßt. Am verblassenden Himmel blinkt der Abendstern. Bald werden auch die Glühwürmchen leuchten und die Zigarre für einen besonders hellen Rivalen halten.

Die Gartenlust ist nicht an Jahreszeiten, nicht an Tageszeiten gebunden; doch an solchen Sommerabenden ist sie besonders stark, wenn der Gärtner Knie und Rücken schont, wenn er sitzt und die Geschäfte des kommenden Tages bedenkt – ob mit Riesling im Glas oder mit Burgunder.

Die Gartenlust geht gern mit anderen Lüsten zusammen. In der Küche duften die Rosmarinplätzchen und springen die Salbeimäuse. Auch die Reiselust steht immer im Dienst der Gärtnerei, denn noch aus dem fremdesten Park lassen sich Anregungen fürs eigene Grün gewinnen oder zumindestens für die Vorstellung von seiner möglichen Gestalt.

Die Miniaturen dieses Buches, die alle im FAZ-Magazin erschienen sind, ziehen Gewinn aus Spaziergängen um Monets Seerosenteich in Giverny und Wanderungen über die blühenden Hügel des Parks von Apremont. Das wilde Alpenveilchen begegnete uns unter den Kastanien des Winzers Huet in Vouvray, beim Gärtner Eisenhut am Lago Maggiore bestaunten wir Heerscharen von Kamelien und Magnolien – und in Gedanken waren wir immer wieder bei der verehrungswürdigen Vita Sackville-West in Sissinghurst.

Am schönsten ist es aber allemal, unter den eigenen Bäumen zu sitzen und zuzuschauen, wie der Garten langsam einschläft. Erwacht die Natur am nächsten Morgen, mag der Gärtner noch kein Auge öffnen, aber die Ohren kann er nicht verschließen. Hörst du das Rotkehlchen, fragt er dann vielleicht zum anderen Kopfkissen hinüber.

Der Märzenbecher

H ast du, Leser, irgendeinen Frühling deines Lebens gehabt, und hängt noch sein Bild in dir« – Jean Paul, der uns im Siebzehnten Sektor der Unsichtbaren Loge solchermaßen entgegentritt, irritiert den naiven Gärtner nicht, der seinen Frühling alle Jahre hat. Es ist ja auch immer wieder das gleiche Malheur. »Als ich zum ersten mal dich sah, / es war am sechsten Märze, / da fuhr ein Blitz aus lauer Luft / versengend in mein Herze.« Der Gärtner fragt nicht, wer wem das Herz versehrt hat in Scheffels biedermeierlichem Heldengedicht vom Trompeter von Säckingen. Er prüft sich und die Seinen. Vor welcher der erblühenden Schönen schlüge er wohl diese Töne an? Vor den Märzenbechern? Das erste Schneeglöckchen wird bejubelt, die Primel bestaunt, der Krokus bewundert, das Veilchen geliebt, gepflückt. Der Märzenbecher, den die botanische Literatur immer nur Märzbecher nennt oder, ganz streng, Frühlingsknotenblume – er blüht im Frankfurter Städel und im Germanischen Nationalmuseum in Nürnberg, aber nicht im eigenen Garten.

Im Paradiesgärtlein eines oberrheinischen Meisters wächst das älteste Schneeglöckchen der deutschen Kunstgeschichte; Schneeglöckchen wurde der Märzenbecher bis ins vergangene Jahrhundert mit besserem Recht genannt, weil er wirklich Glöckchen trägt. Das kleine Tafelbild im zweiten Stock des Städelschen Kunstinstituts wurde ums Jahr 1410 gemalt: kein sündiges Paradies mit Eva und der Schlange, sondern ein mauerumgürteter hortus conclusus mit Maria und dem Kind, einigem Personal und allen marianischen Blumen vom Himmelsschlüssel zur Lilie zur Rose. Das Knäblein spielt die Zither, dem Erzengel Michael sitzt ein sehr dunkler Teufel zu Füßen, der Ritter Georg hat den erlegten Drachen mitgebracht, die heilige Barbara schöpft Wasser, die heilige Dorothea pflückt Kirschen, es gibt viel zu gucken und zu enträtseln auf dem bunten Bild, in dessen Mitte der Maler, vor den Saum des blauen Gewands

Die weißen Glöckchen des Märzenbechers tragen gelbe Tupfen oder grüne. In milden Wintern zeigen sie sich schon im Februar

der Himmelskönigin, den Märzenbecher gesetzt hat. Hans Burgk-mair in Nürnberg ist neunzig Jahre später sehr viel sparsamer mit dem Blumenschmuck bei seiner Madonna mit dem Kind, aber den Märzenbecher malt er an die gleiche Stelle, dorthin, wo das Kleid der Jungfrau den nackten Boden berührt.

In den Kräuterbüchern jener Zeit heißt die Pflanze Hornungs-blume, was auf milde Winter schließen läßt. Der Hornung ist der Februar. Hieronymus Bock: »Ein jede schell oder blum vergleicht sich einer Cymbalen mit sechs spitzlin / die seind außwendig mit gälgrünen Tröpflin auf den Spitzen gemalet.« Er fügt hinzu: »Dise Blumen wachsen in ettlichen finstern dälern / als im Odenwald, im Spessart / im Leberthal auf der Fürsten.« Und da kommen wir dem Geheimnis des Märzenbechers auf die Spur.

Einer Frankfurter Gärtnerin hat es sich vor Jahren im Vogelsberg enthüllt, als sie nicht weit vom Hoherodskopf in der Einsamkeit Hunderte, Tausende von Märzenbechern am Bach unter hohen Erlen fand. Die standen alle knöcheltief im Schmelzwasser. Im Sommer war diese Märzenbecherwiese meterhoch von Riedgras überwachsen. Also setzte die verehrte Freundin ihre Märzenbecher zu Haus im Garten an jene Stelle, wo sie früher einen Teich hatte, wo die Bäume mittags Schatten werfen, wo der Boden obendrein besonders nahrhaft ist.

Die gleiche Erfahrung hat auch Karl Foerster gemacht, der im »Blumenzwiebelbuch« vor fünfzig Jahren schrieb, daß der Märzenbecher an trockeneren Gartenplätzen schon im zweiten Jahr nicht mehr blühen mag, weshalb er empfahl, die Zwiebeln in schmalen Bändern so auszulegen, daß die Wurzeln zur Seite ausgreifen können; »in saftigeren Böden kann man natürlich reichlicher und flächiger vorgehen«. Den saftigeren Boden braucht der Märzenbecher, einen Boden, der im Frühjahr sumpfig sein darf und im Sommer noch feucht sein muß. Wo andere Zwiebeln faulen, fühlt er sich wohl. Auf einem Holzschnitt im »Kreuterbuch« des Otto Brunfels, zum Druck gegeben 1537, ist das starke Wurzelgewirr unter den Zwiebelchen besonders auffällig: Nicht nur immer durstig ist dieses zarte Pflänzchen, es ist auch ein Vielfraß.

Der Märzenbecher, Leucojum vernum, hat eine ebenso wassersüchtige größere Schwester, Leucojum aestivum. Die blüht im Juni und heißt Sommertürchen, obwohl sie auf halbmeterhohen Stengeln je drei bis acht fingerhutgroße weiße Glocken schwenkt. Andere Geschwister sind nicht gar so groß, blühen rosa oder weiß mit roter Zeichnung, brauchen eine sommerliche Trockenperiode und erscheinen im Januar (trichyllum; Südspanien, Marokko), im April (longifolium; Korsika), im Frühsommer (nicaeense; Côte d'Azur und Ligurien) oder im Herbst (rosea; autumnale; Spanien, Sardinien, Sizilien, Nordafrika). Der Hinweis auf die Heimatländer erklärt, warum diese Arten bei uns meist nur im Glashaus eine Chance haben.

Der einst in den deutschen Mittelgebirgen heimische Märzenbecher – auch im Vogelsberg ist kein Hochtal mehr einsam, Mariannes Wiese ist unterdessen geplündert – schmückt sich, wie es schon

Bock beschrieb, mit grünen oder gelblichgrünen Punkten an den Zipfeln der Blütenglocken. Sind die Punkte rein gelb, stammt die Blume aus den Wäldern Osteuropas. Gelb getupft ist auch die Unterart vernum var. carpaticum, die in Polen und Rumänien zu Hause ist und oft zwei Glöckchen auf einem Stengel trägt. Als besonders robuster Märzenbecher wird vernum var. vagneri empfohlen, der aus Ungarn kommt.

Ob gelb getüpfelt oder grün, es ist gewiß, nach dieser jetzt erworbenen Wissenschaft, daß das schneeweiße Glöckchen, das Märzenbecher heißt und richtiger Märzglöckchen heißen sollte, im nächsten Jahr auch uns das Herz versengt. Noch im Sommer, Ende August, werden die Zwiebeln gesetzt, keine zehn Zentimeter tief, in lehmig-humose Erde, wassergekühlt, im Winter mit etwas Laub abgedeckt; der Platz ist schon gefunden. Und Jean Pauls Gedankenspiel kann weitergeschrieben werden. Hast du, Gärtner, irgendeinen Frühling deines Lebens gehabt, und hängt noch sein Bild in dir: so wird ein Märzglöckchen darinnen sein, das dir aus den Finsternissen des Winters hinausleuchtet in die reichern Paradiese hellerer Jahreszeiten.

Rhabarber verlangt nach Wein

Noch warm schmeckt das Rhabarberkompott am besten, falls es nicht mit Wasser gekocht, sondern bei milder Hitze in einer fruchtigen Spätlese geköchelt wurde, von der die Hausfrauen und besonders ihre Männer meinen würden, sie sei zu teuer für die Verwendung am Herd. Andersherum ist es richtig, für billigen Wein ist der reife Rhabarberstengel zu schade. Es gilt immer dasselbe Gesetz, in der Küche wie im Garten wie am Schreibtisch: Ohne gute Zutat kein gutes Ergebnis. – Lauwarm wird auch der Rhabarberkuchen gegessen, falls das Gemüse, Rhabarber ist Gemüse, nicht grämlich in einem Hefeteig steckt, sondern auf Mürbteig gebettet wurde. Bevor dazu die Flasche Pinot d'Alsace geöffnet wird, eine füllige Réserve aus einem guten Jahr, die der nervösen Säure des Rhabarbers ihre sanfte Kraft entgegenstellt, bevor wir uns zu Tische setzen, gehn wir in den Garten.

Zwei Pflanzen waren schon im Februar mit einer Warmhaltepackung aus Laub, Mist und wachsender Folie versehen worden, damit sie möglichst bald ihre kleinen knittrigen Blätter auf breiten, kantigen Stielen zu Elefantenohren entfalten. Die anderen beiden Stöcke bleiben ungeschützt den frostigen Launen des Frühlings ausgesetzt. Sie schießen viel später ins Kraut und liefern ihre Mineralstoffe, ihr Vitamin C und Provitamin A, die erfrischenden Apfel- und Oxalsäuren bis in den Sommer hinein.

Daß der Rhabarber der Verdauung förderlich ist, wußten die Chinesen schon vor viertausend Jahren. Sie trockneten die Wurzelknollen für ein Magenpulver, und tun es noch heute, auch um den Präparaten der europäischen Pharma-Industrie die Substanz zu liefern. Vormals hatte die russische Krone das Monopol für den Ost-West-Handel mit diesem Abführmittel: Der moskowitische oder Kronrhabarber wurde über die Seidenstraße aus den Gebirgen Asiens importiert und war, wie es scheint, im feineren Hauswesen des deutschen Bürgertums ganz selbstverständlich im Gebrauch.

Das Grimmsche Wörterbuch zitiert Wieland: »Wenn er zu lange versäumt hatte, Rhabarber zu nehmen...« In die deutschen Gärten gelangte der Rhabarber erst im vergangenen Jahrhundert, als Zierpflanze, als eine Art Herkulesstaude. Es muß der Medizinal-Rhabarber gewesen sein, Rheum palmatum, dessen zwei bis drei Meter hohe, rotblühende Subspecies tanguticum noch immer als prächtigste unter den Zierrhabarbern gilt. Es dauerte eine Weile, bis sich, von England und Frankreich her, die wahre Bestimmung des Knöterichgewächses herumsprach, bis der krause Rhabarber, Rheum undulatum, seinen Siegeszug in der Frühlingsküche antrat. Ein Appetitlexikon der wilhelminischen Zeit meldet: »In Brüssel nahmen die Gemüsegärtner den Rhabaraberanbau im Jahre 1826 auf; am Rhein (Düsseldorf) zieht man die Pflanzen seit 1880, und in Dessau kam sie zuerst 1894 auf den Markt.« Karl Friedrich Rumohr, der die zweite Auflage des »Geists der Kochkunst« 1832 zum Druck gab, handelt von Kohl und Rüben, Pastinaken, Lattich, Sauerampfer – den Rhabarber hat er noch nicht gekannt. Eugen von Vaerst erwähnt den Rhabarber 1851 in der »Gastrosophie oder Lehre von den Freuden der Tafel«, nur als eine britische Absonderlichkeit. Erst die Notzeiten dieses Jahrhunderts ließen den grünen Riesen unter den Küchenfenstern richtig Fuß fassen. Nach dem Krieg haben wir das Rhabarberkompott zum Grießbrei gegessen, natürlich in Wasser zerkocht. Auch am Zucker mußte gespart werden, so daß die Zähne stumpf wurden und die Löcher in den Wollstrümpfen sich nur so zusammenzogen.

Drei oder vier Grundregeln hat der Rhabarbergärtner in Krieg und Frieden zu beachten. Die gekaufte oder von einer älteren Pflanze abgestochene Knolle wird in tief gelockerte, mit viel halbgarem Kompost und organischem Dünger angereicherte Erde gelegt, allerdings nur knapp unter die Oberfläche. Ideal ist ein feuchter Platz in der Sonne, doch den Halbschatten unterm Apfelbaum nimmt der Rhabarber klaglos hin. Im zweiten Sommer kann schon vorsichtig geerntet werden. Die Blattstiele werden mit einer drehenden, ruckartigen Bewegung vom Wurzelhals gelöst, auch bei

Blühen soll der Rhabarber nicht, der Stengel wird ausgebrochen. Das Blühen kostet die Pflanze nur Kraft, auf den Samen kann man verzichten. Zur Vermehrung wird der Wurzelstock geteilt

ausgewachsenen Pflanzen nie mehr als drei oder vier pro Woche; vor allem werden jene Stiele sofort entfernt, an denen sich der dicke Blütenknüppel zeigt. Das Blühen schwächt, der Samen ist kaum brauchbar. Von Ende Juni an wird der Stock geschont, nicht so sehr deshalb, weil die Stiele nun holzig werden, sondern weil die Pflanze Rücklagen schaffen muß fürs nächste Jahr. Der Rhabarber ist ein Starkzehrer, zu deutsch, er will von März bis Juli gedüngt und in trockenen Wochen gewässert werden. Das Wasser muß aber abziehen können. Staunässe läßt die Wurzelrhizome faulen. Ins einzelne gehende Fragen beantwortet »Der Nutzgarten« von Hermann Link und Winfried Titze (Ulmer-Verlag). Die beliebteste Sorte ist das »Holsteiner Blut«, andere heißen »Elmsjubiläum«, »Rotstielige Victoria«. Der grünfleischige Rhabarber ist schön sauer, der rotfleischige macht, dem Auge zumindest, einen milderen Eindruck.

Vor Zeiten haben die Griechen der Pflanze den Namen gegeben. Rhabarber, Wurzel der Barbaren, der unverständlich Redenden. Rhabarber, Rhabarber! rufen die Kinder, wenn ihnen das Gerede der Erwachsenen gar zu komisch klingt. Rhabarber, Rhabarber! wenn der Vater im Sessel den Leitartikel liest.

Für die Küche gibt es verständliche und weniger verständliche Rezepte. Kalte Rhabarbersuppe, warme Rhabarbersauce zum Kabeljau, Rhabarbergemüse zur Schweinelende, Rhabarber im Omelette, Rhabarbersorbet. Die Krönung aller Experimente ist der elsässische Rhabarberkuchen, der goldgelb in Willsbergers Gourmet-Magazin dampft. Der geht so: Dicke, reife Stiele von zwei Kilogramm einer rotfleischigen Sorte schälen, in kleine Würfel schneiden. Mit dreihundert Gramm Zucker über Nacht stehen lassen. Eine Backform mit Mürbteig auslegen, die abgetropften Rhabarberwürfel auf dem Teig verteilen und eine gute halbe Stunde bei zweihundert Grad backen. Drei Eigelb mit drei Eßlöffeln Zucker aufschlagen und einem Achtelliter Sahne oder Crème fraîche mischen. Auf den vorgebackenen Kuchen gießen und noch mal zehn Minuten in den Ofen schieben. Kurz ruhen lassen. Warm auf den Tisch. Der süße Wein dazu muß kalt sein.

Es grünt das Kleine Immergrün

Auch das einfache Leben hat seine unvergeßlichen Stunden. Im Gedächtnis wird noch lang ein Johannisbeer-Sorbet nachglühen, mit dem der Graf Montgelas an einem warmen Maitag seine Besucher empfing, bevor er sie durch den Garten führte, über die Haupt- und Nebenbühnen seines Rhododendrontheaters. Das Sorbet als Vorspiel, das lodernde Buschwerk die eigentliche Show, ein barockes Kulissendrama. Dramma per colorc. Vivaldi. Ein Schuß Händel dabei. Die eigentliche Sensation des Nachmittags aber waren die Zwischenakte, Mozart, das Filigrane zwischen den Büschen, unter den alten Bäumen. Nicht nur Farn und Efeu deckten den Boden, nicht nur das kaum weniger schattenverträgliche Dickmännchen, das deswegen auch Schattengrün heißt. Es blühten die Elfenblume und der Storchschnabel, es stand blühbereit, Kopf an Kopf, das Heer des kanadischen Hartriegels, es kroch und wucherte das Pfennigkraut. Und dann das Kleine Immergrün. Keine Gräser, kein Moos und doch lauter Lichtungen, schwellende Waldwiesen.

Die Elfenblume ausgenommen, hatten wir diese Schattenpflanzen damals auch schon alle im eigenen Garten. Warum also die Aufregung? Wir hatten da ein Fleckchen, dort ein Deckchen, hier ein Kissen, da einen Saum. Beim Grafen summierten sich die Polster zum Teppich, zur wogenden Fläche. Die fließende Weite. Die Macht der großen Zahl. Da stockt der Atem. Der Graf aber bückte sich, warf einen abgefallenen Ast unters Gebüsch, wo das Holz allmählich verrotten soll. Und er machte Anmerkungen zu dieser Pflanze und zu jener, Andeutungen von Umbauten, von schweißtreibender Kulissenschieberei. Rudolf Borchardt schrieb im Rückblick auf eine verlorene Kultur, die Gartenkultur der Renaissance, die sich fortsetzte bis zum Fürsten Pückler, aber dann kaum noch über ihn hinaus: »Der selbstgepflegte und selbstbestimmte, ständig sich erneuernde und vermehrende Garten gehörte zum höheren

Leben wie die Bibliothek und die Sammlung von Stichen und Drukken. Man war nichts, wenn man nicht auch hier Kenner war.«

Zurückgekehrt in unsere kleinen Verhältnisse, waren wir nicht so neidvoll und deprimiert, wie es natürlich gewesen wäre; wir hatten einiges an Kenntnis und Erkenntnis gewonnen. Im allgemeinen: Garten ist Luxus, Spielerei, Traumbild. Im besonderen: Der Garten führt unter freiem Himmel die Räume des Hauses weiter, das er umgibt. Der Garten folgt dem Haus. Wenn freilich dort der Steinfußboden gut ist, Terracotta bis in den letzten Winkel, Teppich nur als Läufer oder Akzent, so ist es im Garten umgekehrt. Der Garten mag den blanken Boden nicht. Der Garten, sei er noch so klein, braucht Teppiche. Zuerst den Rasenteppich. Nichts geht über die stillende Wirkung eines gepflegten Rasens. Doch der Rasen kümmert, franst und vermoost, wo es zu feucht ist und zu dunkel. Dort haben die teppichbildenden Stauden und Zwerggehölze ihre Chance und die Aufgabe, das Erdreich zu beschatten und lebendig zu halten: Schattengare heißt das Stichwort. Die dichtgewebte Pflanzendecke hält das Mikroleben auch an der Erdoberfläche in Gang, befördert den Stoffwechsel. Sie weckt den toten Boden wie ein Liebesbrief unsere abgestorbenen Gefühle oder wie ein Glas Lebenswasser das müde Hirn. Ein irischer Whiskey wärmt Kopf und Magen, falls kein bayerischer Bärwurz zur Hand ist.

Unsere Vorfahren, denen die alkoholischen Tröstungen noch nicht in solch angenehmen Formen zur Verfügung standen, behalfen sich mit einem Sud aus den ledrigen Blättern des Immergrüns. Der Kräuterkundler Hieronymus Bock empfahl im sechzehnten Jahrhundert: »Ingrünkraut im Wein gesotten und getrunken / stillet das Grimmen im Leib / stillet und stopfet allen Bauchfluss / auch den Weibern ihre Blödigkeit / das Kraut frisch zerstossen / auf die Scheitel gelegt / und um den Hals / wehret dem Nasenbluten.« In der neueren Arzneiwissenschaft spielen das Vincamin und andere Alkaloide von Vinca minor, so heißt das kleine Immergrün, auch noch eine bemerkenswerte Rolle, bei Durchfall zum Beispiel oder bei Gedächtnisschwäche. Wir bedienen uns der zauberhaften

Schönheit im Schatten: Wo es dem Rasen zu eng wird, zu dunkel, zu feucht, zu sauer, blüht uns die blaue Blume, das Kleine Immergrün. Es deckt den Boden mit einer dichten, dunkelgrünen Matte, die rasch mit rankenden Ausläufern um sich greift

Pflanze dennoch nur im Garten für den dunkelgrünen Teppich, der schon zu Ostern mit himmelblauen Sternen bestickt ist.

Das Immergrün plustert sich im nahrhaften Gartenboden, der mit Laubhumus oder Komposterde dem natürlichen Stand im Wald angeglichen wird. Es wirft, wie die Erdbeeren, Ranken aus, die sich an ihren Enden bewurzeln. Eine locker bepflanzte Fläche schließt sich schon im zweiten Jahr. Während die kräftigen Schöpfe des Immergrüns zu einer hochflorigen Decke zusammenrücken, bildet unser anderer Favorit, das Pfennigkraut, mit kriechenden Ausläufern eine kaum mehr als fingerdicke Matte. Die gelben Blütensterne leuchten erst im späten Frühling, wenn die blauen des Immergrüns allmählich verblassen und dann über den Sommer hin nur noch einzeln blinken. Das Pfennigkraut, Lysimachia nummuralia, braucht noch mehr den feuchten, fetten Grund. Es überzieht allerdings auch eine nach Süden geneigte Geröllhalde, auf die stundenlang die Mittagssonne brennt; offenbar finden die Wurzeln unter den faustgroßen Kieseln noch in Trockenzeiten genug lebensnotwendige Frische.

Beide Schattenblumen, Lysimachia und Vinca, halten der Sonne stand. Schutzbedürftig sind sie gegenüber dem aggressiven Bruder, dem Efeu. Der überwächst und verschluckt die zarteren Schattengeschwister. Efeu nur für die problematischen Winkel, das Dickmännchen für Baumscheiben, den Kanada-Hartriegel dort, wo der Boden für Azaleen und Rhododendren sowieso moorig gehalten wird. Das Gartenwesen wird von Gefühlen gelenkt, es ist jedoch nicht die vergebens imitierte Natur, es ist die herzhaft berechnende Gartenkunst, die schließlich gute Laune macht. Das Immergrün steht auch im Winter prachtvoll im Laub.

Jean Paul spricht vom Immergrün unserer Gefühle, obwohl die doch so unbeständig sind. Das Wörterbuch der Blumensprache übersetzt die Botschaft des Immergrüns mit dem tapferen Satz: Ich schwöre dir ewige Treue! Es wäre ein leichtfertiges Versprechen, wenn es vom Gärtner käme. Treue ist seine Stärke nicht, sie kann es nicht sein. Die Gartenbühne wandelt sich, die Akteure wechseln, der Regisseur wird klüger. Der Garten ist immer in Bewegung, wie die Bibliothek, die nicht nur wächst, sondern das Hinfällige wieder abstößt. Das Kleine Immergrün mit den blauen Augen wird seinen Platz behalten. Im Schatten, aber leuchtend.

Die kaiserliche Päonie

Wenn wir ins Elsaß fahren, in Colmar sind, gibt es Pflicht-stationen. Zuerst draußen in Kientzheim den Weinkeller der Brüder Blanck, nebenan in Kaysersberg die Cuvées der Madame Faller. In der Altstadt dann das Restaurant Au Fer Rouge. Später, sofern nicht geschlossen oder überfüllt, das Unterlinden-Museum mit Grünewalds Isenheimer Altar, auf dem der Apostel Johannes unterm Kreuz den langen Zeigefinger streckt: Siehe, das ist Gottes Lamm. Doch das sind Glaubenssachen. Der Gärtner schaut auf die Innentafeln des monumentalen Klappwerks, wo Maria im sehr roten Gewand vor sehr roten Rosen sitzt. Noch leuchtender hat Martin Schongauer das Rot der Rosen und das Rot der faltenreichen Gewandung von der milchweißen Haut der Himmelskönigin abgehoben: Maria im Rosenhag, die Attraktion der Martinskirche. Vor dem Rosenspalier des Hintergrunds neigt sich, Steigerung all dieser frommen Prachtentfaltung, eine erblühte Pfingstrose dem Betrachter entgegen. Die Pfingstrose ist die schönste aller Rosen. Eine Rose ohne Dornen, eine Rose ohne Scham. Wie ungeniert sie die Narbe im Kranz der goldenen Staubfäden zur Schau stellt.

Sie war also, die kaiserliche Päonie aus dem alten Reich des Himmelssohns, schon im fünfzehnten Jahrhundert nach Europa gelangt. Vielleicht noch nicht in die Bauerngärten, aber auf die Altäre, die ja aufs schönste zu spiegeln pflegen, was gerade zeitgemäß war oder bei den Malern und ihren Auftraggebern in Mode kam.

Halt. Da geraten wir auf ein falsches Gleis. Nicht alle besonders feinen Blumen sind – wie die Rhododendren und Kamelien – erst in diesem Jahrtausend oder gar vor wenigen Generationen aus dem Fernen Osten gekommen. Die Vermutung, daß die Päonie schon vor zweitausend Jahren in China gepflegt und gezüchtet, bewundert, begehrt und teuer gehandelt wurde, als die Nachfahren des Neandertalers in den deutschen Wäldern noch auf Bärenjagd gin-

gen, ist zwar richtig – und viele von den schönsten chinesischen und japanischen Pfingstrosen erreichten wirklich erst in der Mitte des neunzehnten Jahrhunderts die Gärten europäischer Pflanzensammler. Doch Schongauer hat kein exotisches Gewächs gemalt, keine kaiserliche Konkubine, sondern eine Eingeborene, die am nördlichen Saum des Mittelmeers seit Menschengedenken heimische Paeonia officinalis, aus deren Familie die Bauernrose stammt. Im Mittelalter nahm sie ihren Weg nach Norden zuerst durch die Klostergärten, bevor sie ihren Platz als Festtagsblume zwischen Kohl und Karotten fand. Diese bäuerliche Päonie kennt jeder, glaubt sie zu kennen: Wir haben eine konventionelle Vorstellung und darum eine konventionelle Abneigung gegen die Landfrauenblume, diese allzu üppige Schöne mit dem Odeur vom Kuhstall, diese allzu auffällig herausgeputzte Rotbackigkeit, gegen diesen fleischigen Busch mit den schweren, nicht nur im Regen vornübergeneigten purpurnen Blütenkugeln.

Solch eine dicke Bauernrose steht, ein Geschenk zum Einzug, seit vielen Jahren am Rand des Gemüsebeets; sie wurde gelegentlich mit Kompost versorgt, in heißen Sommern gewässert, im Winter mit Laub und Reisig geschützt, aber mehr geduldet als geachtet. Erst seitdem, wieder durch Schenkung, eine japanische Strauchpäonie dazugekommen ist, seit uns die Paeonia suffruticosa Godaishu die Augen geöffnet hat für das Pfingstrosenwunder, schlägt der Widerwille allmählich in Bewunderung um.

In China war die Päonie die Blume schlechthin, von der Kaiserin Wu mit einem Adelstitel versehen: »Dame des Staates Wei, Zierde des Kaiserreichs und Schönste im Land«, Symbol des Frühlings und des Reichtums, ein Gleichnis für das Anbetungswürdige und für allerhöchste Aufmerksamkeit. »Weißes Gewand, zerknittert vom Sohn des Himmels« ist einer der sprechenden Namen für eine Sorte, die sich der Hauptfarbe Rot entzieht. Marianne Beuchert hat

Seite 24/25: Paeonia lactiflora, eine weiße Pfingstrose. Die Päonie ist die Blume des Bauerngartens und des chinesischen Kaiserhofs

in den »Gärten Chinas« (Diederichs Verlag) ein langes und farbiges Kapitel über die chinesische Päonienverehrung geschrieben, mit Hinweisen auf die historische Praxis, auch auf die Preise, die dort einst für eine Veredlung gezahlt wurden, fünftausend Käsch für Yaos Gelbe, das entsprach etwa dem Jahresumsatz eines kleinen Händlers in Peking.

In Europa wurde die Pfingstrose natürlich auch geschätzt und geliebt, nicht nur auf Marienbildern und in Bauerngärten. Eichendorff hebt sein Gedicht vom alten Garten mit den Zeilen an: »Kaiserkron und Päonien rot, die müssen verzaubert sein.« Zur Modeblume wie die Tulpe, Nelke, Kamelie oder Dahlie brachte sie es jedoch nie. Das mag mit ihrem bäuerlichen Ruch zusammenhängen, hat aber wahrscheinlich ganz handfeste Gründe. Die Päonie ist keine rasch verfügbare Geliebte. Sie stellt den Gärtner auf eine harte Geduldsprobe. Es kann viele Jahre dauern, bis sie sich an ihrem Ort eingerichtet hat und endlich blühen mag. Ihr Platz ist windgeschützt, sonnig, der Boden eher lehmig schwer, doch durchlässig, feucht, aber nicht naß. Nahrhaft. Der Dünger soll magnesiumhaltig sein. Reife Komposterde ist gut, frischer Stallmist ist Gift. Sie will nicht bedrängt werden von anderen Sträuchern. Dem Gärtner, der dauernd umpflanzt, wird sie keine Freude machen.

Das gilt für die eine wie die andere, für die Staudenpäonie wie die Strauchpäonie. Die Stauden stehen nach der Blüte über den Sommer hin schön im Laub, Blätter und Stengel sterben aber im Spätherbst ab, erst im April treibt der Wurzelstock wieder aus. Die Bauernrose (officinalis) ist eine Staude, auch die fernöstliche Edelpäonie (lactiflora) und ihre ungezählten Abkömmlinge, in vielen Schattierungen von Rot, Rosa, Gelb und Weiß, für deren Nachschub heute nicht mehr so sehr holländische oder Berliner Züchter sorgen als Gärtner in Amerika wie zum Beispiel Gilbert H. Wild in Sarcoxie, Missouri.

Strauchpäonien (suffruticosa) hingegen verholzen und bilden im Lauf der Jahre einen lockeren Busch, anderthalb bis zwei Meter hoch, dessen fingerdickes Gezweig auch harte Winter ohne Schutz

übersteht. Staudenpäonien werden flach gepflanzt, doch Strauchpäonien müssen tief in der Erde gesenkt werden, damit sie über der
Veredlungsstelle bald eigene Wurzeln bilden. Die Blüten der
Strauchpäonie sind, wie bei unserer Godaishu, oft fast tellergroß
und doch so zart und duftig, daß der erste Blick in dieses seidige
Geflitter erkennt und versteht, warum den Chinesen diese Blume
des Glücks auch das Inbild des Mädchenhaften war.

Gefräßig ist das Löwenmaul

Wann ist Sommer? Wenn die Eisheiligen gegangen sind und die Eismaschine am Samstag und Sonntag arbeitet, weil der Gärtner am Abend nach Kräftigung verlangt und nach einer kräftigen Abkühlung. Der Sommer ist da, wenn das allerletzte Rhabarber-Eis gegessen ist, wenn die Sorbets plötzlich die Oberhand gewinnen. Und, wenn das erste Löwenmaul blüht. Es ist freilich keines von den im Februar selbst gesäten und im April ins Freie gesetzten Pflänzchen, sondern eine von den schon kraftvollen Stauden, die über den Herbst und Winter im Gewächshaus der Gärtnerei für den Verkauf im Frühjahr gezogen wurden und nun im Mai die Hummeln ärgern, denen sie verschlossen bleiben.

Das starke Löwenmaul und ein wuchtiger Gewürztraminer von Madame Faller aus Kaysersberg liegen auf einer Linie: sie betäuben und erwecken. Für das Sorbet vom Gewürztraminer bringen wir einen Zehntelliter Wasser mit sechzig Gramm Zucker zum Kochen, kühlen ab, geben den Saft einer reifen Zitrone dazu und fast eine ganze Flasche von der Cuvée Cathérine. Nach einer halben Stunde in der Sorbetiére werden je zwei Kugeln vom noch geschmeidigen, löffelfesten, aber keinesfalls bröselig Gefrorenen mit einem Spritzer Marc de Champagne übergossen. Das ist das Dessert für den Abend auf der Terrasse. Das ist Sommer.

Bevor eine dritte Kugel nachgelegt wird, muß der Gast im letzten Abendlicht den Garten durchwandern, das Löwenmaul besehen. Das Kind im Manne darf es anfassen. Löwenmäuler wollen geöffnet sein. Nur die Bienen, schreibt Fritz Encke in seinem Löwenmaulkapitelchen im großen Blumenlexikon »Die Freiland-Schmuckstauden« (Ulmer-Verlag), nur die Bienen seien stark genug, den fest verschlossenen Blütenmund aufzustemmen. Und Kinderhände, natürlich. Daumen und Zeigefinger umfassen die Blüte von hinten und drücken vorsichtig von der Seite: Das Maul klappt auf, klappt zu, klappt wieder lautlos auf. Wer hat Angst vorm Löwenmaul?

Warme Farben für die Rabatte: das sanfte, samtene Löwenmaul

Das Löwenmaul sieht wirklich so aus. Aber wie kommt der Löwenzahn zu seinem Namen? Solche Kinderfragen lassen sich selten auf Anhieb beantworten. Es könnten die scharf gezähnten Blätter sein, die den grünen Salat bissiger machen. So ließe sich vermuten. Hingegen wissen wir, glauben zu wissen, warum das Löwenmaul gekauft wird, als Pflanze oder im Samentütchen, und trotzdem selten einen festen Platz in den Gärten besetzt hält. Es liegt nicht nur daran, daß das üppige englische Staudenbeet, die bunte Rabatte, in der das Löwenmaul ganz unentbehrlich ist, sich selten an der Rasenkante entlang durch deutsche Gärten schlängelt. Der Grund liegt tiefer. So deutlich wie kein Fachmann hat es vor Jahren Rudolf Borchardt im »Leidenschaftlichen Gärtner« formuliert: »Es muß, wo Löwenmäuler nicht bald verschwinden sollen, Sand und Kalk in tieferen Bodenlagen so weit vorhanden sein, daß die Nässe durch sie hindurch filtriert wird.« Und, im selben Buch, an anderer Stelle: »Das Löwenmaul ist Schutt- und Steinritzenflora der Mittelmeerländer, lebt wild im ganz Trockenen, durch das sich seine vielkräuseligen, fleischigen Wurzeln bis in unerratbare Tiefen zerkriechen, und hält dann starke Fröste unberührt aus. Im Norden stirbt es an nassen, nicht an kalten Böden – leider, denn alte verholzte Büsche sind Schaustücke. Weiße Arten sind Zärtlinge«, fügt er hinzu. Was wieder bedauerlich ist, denn die Weißen sind schön für Gärten, die nicht so bunt sein wollen. Daß das Löwenmaul auch nördlich der Alpen wild und unkrautartig den Gesteinsschutt besiedelt, zeigen Verse von Freiligrath: »Wälle, zermorscht und faul, / purpurn von Löwenmaul.«

Die botanische Wissenschaft unterscheidet zweiundvierzig Arten von einjährigen oder ausdauernden Kräutern oder Halbsträuchern der Gattung Antirrhinum am westlichen Mittelmeer und im pazifischen Nordamerika. Antirrhinum hispanicum und Antirrhinum sempervirens werden gelegentlich von Staudenspezialisten angeboten; es sind zwergige Löwenmäuler, keine zwanzig Zentimeter hoch, in den Pyrenäen zu Hause. Steingartengewächse. Die Gärtnereien kennen meist nur das Gartenlöwenmaul, Antirrhinum majus, aber davon mindestens dreißig Sorten. Man kann fragen, Kataloge wälzen lassen, bestellen. Die Samentütchen enthalten in der Regel nur eine sogenannte Prachtmischung. Erst die englischen Gartenbroschüren machen dem Liebhaber die Wahl wirklich schwer. Er muß nicht nur auf Farben sehen, auch auf die Blütenformen, die sich manchmal vom zweilippigen Maul zum offenen oder gefüllten Trichter hin entfernen. Das sind die Pestamon-Hybriden, vorneweg »Madam Butterfly«.

Halten wir uns an das richtige Löwenmaul, so haben wir es immer noch mit drei Hauptsorten zu tun: den Zwergen für den Beetrand, den halbhohen und den meterhohen Blütensäulen, die aber leicht vom Wind umgeblasen werden. Also bleiben wir bei den halbhohen. Deren Haupttrieb wird beizeiten für die Vase geschnitten, damit sich die Seitentriebe entwickeln. Entspitzen nennt der Gärtner diesen Trick, der die remontierende Pflanze dazu bringt, in die Breite zu gehen, buschig zu werden und immer noch mehr Blüten anzusetzen, bis in den Spätsommer hinein.

Nun darf man allerdings das Gartenlöwenmaul nicht etwa deshalb auf dem Trockenen sitzen lassen, weil seine wilden Verwandten in den Gebirgen Spaniens oder auf den morschen Mauern Freiligraths so staunenswerte Überlebenskünstler sind. In der Sonne will es stehen, aber der Boden muß durchaus nahrhaft, luftig und feucht sein. Sonst gibt es keinen Gartenrundgang und keinen Nachschlag beim Sorbet. Das läßt sich übrigens auch mit einem starken Muscat herstellen oder einem Süßwein aus dem französischen Südwesten. Dem Gärtner wie dem Patissier steht mancherlei zur Verfügung. Nur Lust zum Experiment müssen sie beide haben und ein Gefühl für das, was harmoniert. Kompositeure sind sie, Komponisten und Orgelspieler, die dieses und jenes Farb- und Aromaregister ziehen. Der Gärtner wirft schließlich noch einige Schaufeln Kompost ins Beet. Denn das Löwenmaul, wen wollte es wundern, ist gefräßig.

Lavendel scheut das Wasser nicht

Es gibt Rummelplätze, die besucht sein wollen. Die provenzalische Ruine Les Baux gehört zu den unumgänglichen Wallfahrtsorten. Der gesunde Tourist läßt sich im August durch die schmalen Gassen des Bergdorfs auf das Felsplateau hinaufschieben. Der gegen den Tourismus allergische Tourist steht an Weihnachten allein auf der Zinne, fast allein, und stemmt sich gegen die Gewalt des Mistrals. Und meint im brausenden Wind ein fernes Echo der Troubadoure zu hören, die einst im Schutz dieser Mauern vor einem Tribunal edler Damen ihre Lieder sangen, einen Kuß empfingen und vielleicht auch den Kranz aus Pfauenfedern. Auf dem Rückweg wird er in der romanischen Kirche Zeuge eines Krippenspiels, das die Einheimischen für sich selber aufführen. Das Blitzlichtgewitter wird von den Vätern der beteiligten Hirten und Himmlischen Heerscharen veranstaltet. Maria und Josef sind mit dem gebotenen Ernst bei der Sache, auch das Schaf, das ein zweirädriges Wägelchen zieht, geschmückt mit goldenen und blauen Ähren. Der Pfarrer sitzt steinernen Blicks dabei, so bleich und abwesend, als habe er die Austern und den Champagner in der Christnacht nicht vertragen.

Wenn der Tourist zum Parkplatz am Ortseingang zurückstrebt, darf er nicht an allen Souvenirläden vorübergehen. Er muß die Postkarten kaufen mit den dunkelblauen Walzen der sommerlichen Lavendelfelder, und er sollte einige der bunten Leinensäckchen mitnehmen, Lavendelduft für den Wäscheschrank, vielleicht werden tatsächlich Motten ferngehalten. Ein Fläschchen Lavendelessenz muß auch erworben werden. Zwei Tropfen an der Schläfe beruhigen den Migränesüchtigen, die Essenz heilt auch Mückenstiche und kleine Verletzungen, sogar dann, wenn man nicht daran glaubt; drei Tropfen neben dem Kopfkissen bringen den Schlaf. Und Lavendelseife ist die Seife schlechthin. Lavendula, der botanische Name, ist abgeleitet vom lateinischen lavare, waschen; ein

römisches Bad war ohne Lavendel wohl nicht vorstellbar. – Der den Tourismus genießende Tourist ist Ende Juli in die Provence gefahren, weil er die Lavendelfelder selber fotografieren muß. Es ist aber nicht der Echte Lavendel, Lavendula angustifolia, den er auf den Ebenen bei Valensole und Moustiers-St. Marie besonders üppig im Auge der Kamera hat, sondern ein Bastard, eine Kreuzung mit dem Großen Speik: Lavendula latifolia. Der Echte Lavendel in den Bergen der Hochprovence hat ein feineres Aroma, gibt aber sehr viel weniger Öl und läßt sich nicht mit Maschinen ernten. So erklärt sich der Preisunterschied zwischen dem Lavendin-Öl und dem Lavende fin.

Der Lavendel ist eine Pflanze der südeuropäischen Mittelmeerländer. Wir können ihn jedoch getrost in den Garten setzen, in die Sonne natürlich, vor die Terrasse, wegen des Duftes, und zu den Rosen, wegen der Farbe. Der ausdauernde Lavendel mit dem immergrünen oder eher immergrauen nadelartigen Laub ist der rechte Rosenkavalier, der Begleiter und Beschützer, der das Unkraut verdrängt und die nackten Füße deckt. Der mediterrane Lavendel, der sonnenhungrige, hitzefrohe, ist auch bei uns ausreichend winterfest, freilich nicht in allen seinen Arten; beim Zahnlavendel oder beim Schopflavendel darf man Bedenken haben. Doch Angustifolia und Latifolia, vor allem die beiden erprobten Sorten Munstead und Hidcote Blue, wollen allenfalls im ersten Jahr etwas geschützt sein. Frostempfindlich werden diese Sträucher erst, wenn zu viel gedüngt wurde. Lavendel braucht gar keinen Dünger. Der Boden muß nur genügend Kalk enthalten, und er muß durchlässig sein oder vor dem Pflanzen mit Sand und Kies unterfüttert werden. Stauende Nässe im Winter kann tödlich sein. Ganz so trocken, wie man meinen könnte, wenn man die Lavendelfelder in der südfranzösischen Hitze hat flimmern sehen, sollen jedoch zumindest die jungen Pflanzen nicht gehalten werden, deren Wurzeln erst in die

Seite 34/35: Die beiden gängigen Gartenlavendel im Duett: Hell blüht die Sorte Munstead, dunkel glüht Hidcote Blue

Tiefe dringen müssen. Wäre der Lavendel wasserscheu, könnte er englische Gärten nicht seit Jahrhunderten so dekorativ beleben.

Den Engländern und den leidenschaftlichen deutschen Lavendelgärtnern stehen einige Dutzend Arten und Sorten zur Verfügung, weißblühende, rosarote, blaue und violette. Unsereins ist mit den beiden Hauptsorten zufrieden, Munstead und Hidcote Blue. Munstead blüht etwas früher im Juli mit himmelblauen Ähren, Hidcote leuchtet tief dunkelviolett. Beide haben einen silbrigen Schimmer auf den Triebspitzen des graugrünen Laubs, beide bilden allmählich breite Kissen, kaum höher als dreißig Zentimeter. Nach der Blüte werden die Ähren abgeschnitten, im zeitigen Frühjahr darf man die Schere kräftig ansetzen, damit die Kissen nicht struppig auswachsen, sondern dicht und buschig bleiben. Aber nicht bis ins verholzende Herz hinunterschneiden! Das würde auch den Igel ärgern, der sich gern im Lavendel wälzt.

Es soll leicht sein, Lavendel aus Stecklingen zu vermehren, sagen die Bücher. Die bewurzelten Stecklinge zu verkaufen, scheint jedoch ein undankbares Geschäft zu sein. Auch große, renommierte Gärtnereien bieten nur während der Pflanzzeit wenige Winzlinge an, meist noch ohne Sortenschild. Eine der rühmenswerten Ausnahmen: die Staudengärtnerei der Gräfin Zeppelin im badischen Sulzburg-Laufen. Wem der Weg zu weit ist, kann schicken lassen, sieben Sorten stehen zur Wahl. Aber was haben wir im Gartencenter bei Avignon für prächtige Lavendelsträucher in großen Töpfen gesehen!

In der Küche läßt sich der Lavendel nicht nur zum Beruhigungstee aufbrühen. Frische Triebspitzen würzen den Fisch, das Geflügel, Lamm und Eintöpfe – ähnlich wie Rosmarin, aber doch anders, mild und herb zugleich. Schon deshalb müssen wir den Duftstrauch im Garten haben. In Liebesdingen ist der Lavendel so vielsagend wie wahr. Seine Botschaft lautet: Du sprichst in Rätseln. Wer die Rätsel zu Hause nicht lösen kann, soll den Lavendel in der Provence besuchen. Nicht im Dezember, sondern im August. Und nicht allein.

Die Dahlie hat viele Verächter

Wenn es Herbst geworden ist, wenn der Gärtner von der Melancholie bedroht wird, schüttelt er sich die Kraft Mexikos aus dem Shaker. Zwei Teile Tequila, ein Teil Orangenlikör, ein Teil Zitronensaft, Eiswürfel dazu. Die Margarita ist der Aperitif, der den Sommer zitiert. Wie die Dahlie, die eine Sommerblume ist, aber im Oktober ihre Aufgabe hat: im Garten die letzten, die stärksten Lichter zu setzen.

Nach der Margarita gibt es Chilis rellenos. Grüne Chili-Schoten, aus der Dose, mit je einem kräftigen Keil Comté oder Gruyére gefüllt, erst in Mehl, dann in schaumig geschlagenem Ei gewälzt, in heißem Öl goldgelb gebacken, auf den Teller mit einem dicken Klacks Spanischer Sauce gesetzt. Das ist auf der Zunge so mild, wuchtig und brennend wie die Blume der Azteken am Zaun. Chilis rellenos sind das kulinarische Spiegelbild der feurigen Dahlie, die eine Mexikanerin ist, wenn sie auch letzthin nur noch in altdeutschen Bauerngärten gesehen wurde. Die üppige Exotin aus Montezumas Reich war einst die Blume für Götter und Halbgötter, Kaiser und Kaiserinnen.

Joséphine de Beauharnais, Napoleons große Liebe, hat neben den Rosen im Park von Malmaison schon Dahlien gepflegt. Die ersten Dahlien auf europäischem Boden waren 1790 im Botanischen Garten von Madrid erblüht. Der Gartendirektor Cavanilles nannte die fremde Blume Dahlia, den Schwedischen Kollegen Dahl zu ehren. Aus dem mexikanischen Hochland sandte Alexander von Humboldt 1803 Dahliensamen nach Berlin, wo die fremde Blume den Namen Georgina erhielt, dem Petersburger Botaniker Georgi zu Ehren. Jahrzehnte später, 1881, nannte der Züchter Christian Deegen in Bad Köstritz eine gelbrötliche Ballgeorgine »Kaiser Wilhelm«, die heute wieder ihre Liebhaber hat, nur nicht mehr Georgine gerufen wird.

Die Dahlie wird gern mit der Rose verglichen, weil auch sie in

»Über Leute, die vorgeben, Dahlien nicht zu mögen«, schrieb Karl Foerster, »könnte man lachen, wäre die Sache nicht zu ernst.« Sabine, eine
Schmuckdahlie, lacht bis zum ersten Frost

vielen tausend Formen und Farben blüht. Karl Foerster, der wortmächtige Propagandist der Gartenschönheit, schrieb in den zwanziger Jahren: »Keine Blume stößt auf so wenig Vorurteil wie die Rose, keine andere hat mit so viel Vorurteilen zu kämpfen wie die Dahlie.« Hat sich in sechzig Jahren etwas geändert? Eine Rose ist eine Rose. Die Dahlie hat viele Verächter. Die Gärtnerin sagt, wenn ihr die Dahlien gefielen, müßte sie sich auch Wolkenstores an die Fenster hängen. Ist es wirklich so schlimm?

Die Dahlien der Großeltern auf dem Ansbacher Prinzenbuck wurden bewundert: ein Farbakkord von hellem Rosa bis Purpur, mannshoch über dem undurchdringlich dunklen Laub, das stattliche Gartenhaus verschwand fast hinter diesem Blumenwald, zumindest für Kinderaugen. Diese Dahlien waren die Dahlien schlechthin. Es waren Kaktusdahlien. Die Blüten, eine Handspanne im Durchmesser, sind gefüllt, die kaum zählbaren Blütenblätter rollen sich nach rückwärts ein, so daß sie wie leicht gebogene Stacheln aussehen; die Bezeichnung Kaktusdahlie soll sich allerdings von einer gewissen Ähnlichkeit mit der Blüte des Holeocereus speciosus herleiten. Vergleichbar, doch nicht gar so wuchtig präsentieren sich die Semikaktusdahlien, die Blütenzungen weniger eng gerollt, der Busch nicht gar so hoch. »Scarlet Star« gehört in diese Gruppe. Immer noch ähnlich, aus der Ferne, ist die Schmuckdahlie oder Dekorativdahlie. Die Zungen sind jedoch nicht zu Röhren gebogen, sondern stehen wie die offenen Schuppen eines Pinienzapfens um das sich entfaltende Herz. Einige Sorten prahlen mit Blütendurchmessern von dreißig Zentimetern. Die Dahlien-Gärtner haben aber noch ganz andere Formen aus den mexikanischen Blumen herausgeholt. Man sähe sie gern einmal alle nebeneinander. Wo bleibt die Dahlien-Monographie? Vielleicht kommt sie demnächst aus Amerika oder Japan, wo die Züchter die Nase vorn haben.

Bevor wir die Pompondahlie bewundern, müssen wir uns die Balldahlie ansehen. Fast kugelrund die Blüte, deren Blättchen leicht nach innen gebogen sind. Das Gleichmaß des gefältelten Blütenballs wird jedoch übertroffen von dem noch fester gepackten

Je grauer der Herbst, desto kräftiger das Feuerwerk: Scarlet Star heißt diese rote Blume aus der Familie der Semikaktusdahlien

Blütenkopf der Pompondahlie, die ihre winzigen Blütentüten so akkurat aneinandersetzt, daß sie als Meisterstück eines sehr geduldigen Drechslergesellen gelten könnte. »Über Leute, die vorgeben, Dahlien nicht zu mögen«, schreibt Foerster, »könnte man einfach nur lachen, wäre die Sache nicht zu ernst.« Die Halskrausendahlie fächert einen leuchtenden Kranz von breiten Blütenblättern um die grüngelbe Mitte, die noch mal schmale Zungen andersfarbig umflammen. Das hört sich affektiert an, sieht aber hübsch aus. Die Mignondahlie hat ein flaches Herz wie die Margerite. Der Anemonenblütigen Dahlie daneben wachsen krause, gelbe Röhrenbüschel aus den Augen. Noch kleiner sind die Zwergmignon- oder Topmixdahlien, noch vielköpfiger die Familien der Päonienblütigen und der Orchideenblütigen Dahlien. Endlich die Schönsten, die Liebenswürdigsten: die Einfachen Dahlien. Doch was heißt einfach! Nicht nur die zwölf Zentimeter breiten Blütenteller der »Schneekönigin« haben einen Zug zum Märchenhaften.

41

Warum leuchtet uns die ekstatische Schönheit der Dahlie nicht wenigstens aus allen Schrebergärten entgegen? Sie stellt kaum Ansprüche an den Boden, will nur gewässert und gut genährt werden. Daß sie sich so barock, so selbstherrlich in Szene setzt, kann der Grund nicht sein. Die Dahlie ist nicht winterfest! Die Wurzelknolle muß im Spätherbst, nach dem ersten leichten Frost, aus dem Boden genommen und im Keller verwahrt werden, bis sie Anfang Mai wieder ins Freie gesetzt werden kann. Und sie braucht Sonne, wie die Rose. Im Schatten schießt sie spillerig ins Kraut und blüht kümmerlich.

Das typische Dahlien-Malheur, unter dem allerdings nicht die Besitzer leiden, sondern die Zaungäste, ergibt sich aus der Mischung gefährlicher Farben. Foerster klagt über den landläufigen Mißklang von Lilarosa und derbem Gelb. Nein, man soll nicht klagen. Auch die Disharmonie weckt Lebensgeister. Auch das gelbe Feuer wärmt. Besonders dann, wenn es nach achttägigem Regensturm noch beharrlich weiterbrennt. Gottfried Keller rühmt im »Grünen Heinrich« an den Dahlien, daß sie uns »mit unverwüstlicher Lebenslust bis an das Ende des Jahres begleiten und ihre samtenen Brüste öffnen, bis der kalte Schnee in sie fällt«.

Heide blüht immer

Auf der Heide blüht ein kleines Blümelein, und das heißt: Erika. Wie manche Behauptung, die lautstark vorgetragen wird, kommt uns dieser Kasernenhofschlager mit einer Halbwahrheit. Was auf der Heide blüht, wenn es nicht das Röslein auf der Heiden ist, das heißt Calluna. Calluna vulgaris, zu deutsch Besenheide, Brandheide, Brauttreue, Tannenmyrthe oder Immerschön. Die Calluna ist das Heidekraut der Lüneburger Heide, das dort zu Zeiten des Heideliebhabers Christian Morgenstern oder des in dieser Hinsicht bekannteren Hermann Löns die Heidschnucken zu Hunderttausenden ernährte – und heute immerhin noch einige Bienenvölker.

Früher halfen die Schafe den Immen, indem sie die Spinnweben zerrissen; indem sie es fraßen, halfen sie auch dem Heidekraut – das kein Kraut ist, sondern ein kriechender Strauch, der sich anderthalb Meter hoch erheben kann. Mit Lust taten die Schafe das gleiche, was der Gärtner im Heidegarten eher unlustig tut: sie beschnitten das Gesträuch, hielten es niedrig und dicht. Und sie verhinderten fressend das Aufkommen von Bäumen. Das Schaf als Landschaftspfleger.

Die Blümelein, die in der dunklen Jahreszeit in Millionen von Tontöpfen violett als Winterschmuck auf leeren Balkonen und auf fast allen Gräbern blühen, sie heißen nun wirklich Erica. Genauer: Erica gracilis. Noch genauer: Glasers Rote. Diese eine Sorte hat alle anderen in den Hintergrund gedrängt. Was da im Spätherbst vor den Blumenläden sich reiht und von Pudeln und Dackeln genäßt wird, es ist ein einziger Superlativ. Von der zweijährigen Mutterpflanze lassen sich tausend Stecklinge schneiden, geschickte Hände bringen es auf zweitausend; bei anderen Erica-Sorten sind es bestenfalls fünfhundert. Glasers Rote blüht von unten bis oben und weit in den Winter hinein, ohne daß der deshalb streng werden müßte, wie die Bauernregel früher verlangte. Fünfundzwanzigtau-

43

send purpurne Blütenglöckchen hat jemand an einer Pflanze im Zwölfzentimetertopf gezählt. Er hat auch die winzigen nadelartigen Blätter unter die Lupe genommen, es waren noch zehnmal so viele. Das ist Glasers Rote, das Heidekraut für die große Herbstparade.

Es gibt andere Erica-Sorten, die uns nicht in Kolonnen, aber auch nicht gerade mädchenhaft begegnen. Sie heißen »Geheimrat Engler« oder »Oberinspektor Vorwerk« oder gar »Professor Diels«. Empfindlich wie die Backfische sind sie trotzdem alle, die Heidekräuter. Die Schneeheide ausgenommen, die auf dem Kalkboden der Alpen gedeiht und im Vorfrühling blüht, können sie schon gegen hartes Leitungswasser allergisch sein. Ein pH-Wert von sechs macht sie krank. Sauer soll der Boden sein, nährstoffarm und durchlässig. Denn feucht möchten sie es zwar haben, aber nicht naß. Sie sind ja mit den Azaleen und Rhododendren verwandt, die derselben Familie der Ericaceen zugehören. Anders als diese Liebhaber des Halbschattens brauchen die Heidekräuter allerdings volles Licht, viel Sonne. Die meisten Eriken lieben auch die Wärme. Von den sechshundertdreiundzwanzig Arten, die man heute kennt, hat der größte Teil seine Heimat in Südafrika. Viele fürchten deshalb den Frost, sie gedeihen auf der Nordhalbkugel nur im Glashaus, im Zimmer oder im milden Klima Südenglands, wo seit zweihundert Jahren die wahren Heidenarren zu Hause sind. Bis jetzt. Die Heide erobert den Kontinent. Holland hat einen öffentlichen Heidegarten und einen nationalen Heideverein.

Winterharte Erika für den deutschen Heidegarten gibt es genug, eher gibt es zu wenig Heidegärtner. Sogar von der wilden Besenheide, von Calluna, der Schönen, wurden Kultursorten für den Garten gezogen, weiß oder rosa, lachsfarben, karminrot oder violett, manche mit gefüllten Blüten oder goldgelbem Laub. Freilich kommt das Heidekraut hierzulande vielen nur mittelbar nah, als Heidehonig oder Heidetee. Der soll gut sein für Blase und Niere. Er wird auch gegen Rheuma und Arthritis getrunken, zwei Löffelchen getrockneter Blüten je Tasse, zehn Minuten durchgezogen, lauwarm und schluckweise – wie schon in den Badestuben des Mittel-

Nicht nur Winterschmuck für Gräber und Balkone: Hinter der Erica watsonii Dawn dunkelt die Erica-Hybride Rubinteppich

alters; erst Sebastian Kneipp hat die Heilkraft wiederentdeckt. Mancher schätzt den duftenden Heidetee wegen der mild sedativen Wirkung als Schlafbringer. Der Aberglaube weiß, daß Träume wahr werden, wenn weißblühendes Heidekraut unter dem Kopfkissen liegt. Auch der Kranz von Heidekraut, um den Spiegel gewunden, leistet schon viel: Er hält Unglück vom Hause ab. Und noch der Raucher, der die Pfeife schmaucht, zieht sein stilles Glück aus der Heide. Das harte Bruyère-Holz des Pfeifenkopfs stammt aus der Wurzel der am Mittelmeer heimischen Erica arborea.

Tee trinken, Pfeife rauchen: Glücks genug? Warum nicht dazu nun den Heidegarten draußen vorm Haus? Röslein sprach: Ich steche dich. Heide beruhigt. Und die Heidegärtnerei ist wahrhaftig keine Wissenschaft mit sieben Siegeln, zumal es Hilfen gibt. Der Hamburger Verlag Paul Parey unterrichtet mit Büchern von Hellmut Vogel über »Azaleen, Eriken, Kamelien« und von Harry van de Laar über »Heidegärten. Anlage, Pflege, Pflanzenwahl«.

Die unerwartet große und bunte Schar der struppigen Kissen voller Glöckchen oder zierlicher Kelche oder quirliger Trauben oder gar die kräftigen Blütenkolben des »Roi Edouard« werden den Neuling erst einmal erschrecken. Dann sollte er die Augen schließen vor der verwirrenden Vielfalt und ganz einfach in der Steingartenecke mal versuchsweise anfangen mit jenen vier gängigen Arten, die fast jeder Pflanzenhändler im Sortiment hat: Besenheide, Schneeheide, Glockenheide und Cornwallheide. Da blüht es ihm dann unaufhörlich von Dezember bis Dezember. Und obendrein so farbig, daß er schon wieder lächeln kann, wenn poetische Naturen immer nur von der einen Heide schwärmen, weil sie nichts anderes kennen als das müde Glühlila des späten Jahrs.

Die Eibe ist ein Geschenk
des Himmels

W eißes Papier beflügelt die Phantasie«, behauptet Karl
Heinz Hanisch. Ähnlich anregend seien weiße Rosen, die
sich freilich mit einem Hauch von Lila überzögen, wenn
Sonnenblumen in der Nähe stehen. »Wenn weiße Rosen viel Grün
um sich haben, schimmern sie rosa.« Buchs und Lorbeerkirsche
seien solche Begleiter. Auch das schwere, satte Grün der Eibe ist
eine gute Kulisse für die »Karl Heinz Hanisch«, die nach eben jenem leidenschaftlichen Gärtner und emeritierten Gartenjournali-
sten benannt wurde. Doch nicht auf diese duftende weiße Rose soll
vor dem Gang ins Eibenlabyrinth aufmerksam gemacht werden,
sondern auf die »Erlebte Rose«, zweihundert Seiten stark, die Hanisch bei Ulmer herausgebracht hat. Ein Rosenleben blüht in dem
heiteren Buch, das voll ist von Geschichten, Wissenschaft und Witz.
Man kann nicht alle Rosen kennen, nicht alle Rosenbücher lesen,
aber dieses muß ringsum verschenkt werden, nachdem wir es uns
selbst gegönnt haben.

Die Eibe ist ein Geschenk des Himmels, nicht nur als Rosenpara-
vent und als Stellwand zwischen den Gartenzimmern. Eine dunkel-
grüne Eibenhecke, so dicht, daß kein Zaunkönig mehr hindurch-
schlüpft, ist der beste Schutz zur Straße oder zum Nachbarn, falls
der Platz für den großen Rhododendron nicht reicht. Und sie ist der
tragende Hintergrund, der basso ostinato für jegliche Farbmelodie.
Die Eibenhecke kann extrem schmal gehalten werden und bleibt
doch bis zum Boden grün, verkahlt nicht an freigelegten dicken
Ästen, da sie aus dem alten Holz wieder auszutreiben vermag.

Die beste Zeit für die Eibenschur ist der Spätwinter, vor dem
Austrieb, der Schnittverletzungen bald überdeckt. Wer die Mühe
scheut, wer es nicht übers Herz bringt, die Schere zu schwingen, wer
glattwandige Umrisse nicht mag, hat dennoch sehr verschiedene
Formen zur Wahl: flachliegende, buschige, kugelige oder kegelför-

mige Eiben zwischen den Rosen, schlanke Säulen, dicke Türme oder richtige Bäume haushoch hinter den Rosen. Taxus baccata Fastigiata, die Irische Eibe, wächst wie ein grüner Pinsel gen Himmel, auch die breitere Taxus media Hicksii geht straff in die Höhe. Taxus cuspidata, die Japaneibe, bildet Kegel, doppelt so breit wie hoch. Taxus baccata Repandens schiebt die Zweige fast waagrecht über den Boden. Die Nadeln glänzen auf der Oberseite dunkelgrün, sind unten hell und matt. Es gibt viele Sorten mit goldgelben Triebspitzen, auf dem großen Foto aus Levens Hall stehen drei solcher Büsche im Vordergrund. Was das Bild nicht zeigt: Die Eibe läßt sich nicht nur trimmen, sie ordnet sich unter, wenn ein größerer oder schnellerer Baum sie bedrängt. Sie kommt auch in dessen Schatten zurecht.

Warum werden die Vorzüge der Eiben in England, Frankreich, Italien oft genutzt und bei uns so selten? Weil die gestutzten Elemente des Barocks außerhalb der Schloßgärten nie so recht populär geworden sind? Weil die Eibe als Friedhofsbaum gilt und der Friedhof als Ort angesehen wird, der zu meiden sei, bis er unvermeidlich geworden ist? Weil die Eibe von Kopf bis Fuß giftig ist? Die Beeren allerdings, die saftig roten, die Kinder verlocken können, sind eßbar, ungefährlich, solange der darin verborgene Samen nicht zerbissen wird. Sonst gäbe es längst keine Amseln mehr. Nur Holz und Nadeln enthalten das Gift. Fressen Pferde das weiche Eibengezweig, fallen sie nach fünf Minuten tot um. Kühe zeigen erst nach zwei Tagen Vergiftungserscheinungen. Kaut ein Mensch hundert Eibennadeln, so seien ihm binnen einer Stunde Übelkeit, Leibschmerzen, Bewußtlosigkeit und schließlich Atemlähmung gewiß, schreibt ein Ärzteblatt unter der Überschrift »Suizidversuche mit Eibennadeln erfolgreich«. Plinius glaubte, schon der Schlaf unter einer blühenden Eibe könne tödlich sein. Wir ruhen nicht

---

Seite 48/49: Eiben dienen nicht nur als hohe, dunkle Wand, als Sichtschutz und Raumteiler. Sie nehmen es nicht übel, wenn die Schere Scherz mit ihnen treibt wie im Park von Levens Hall

Hinter den voluminösen Skulpturen aus dunkelgrünem Buchs hockt,
auch im nordenglischen Levens Hall, goldgelb ein Taxus-Vogel

unter den Eiben, sondern ziehen unermüdlich die Hicksii-Schöß-
linge hoch, die von den Amseln gesät werden. Die Liebe zur Geome-
trie soll eine Zuflucht haben. Denn Gartenlust ist Gartenkunst.

Der Italienreisende aus Weimar meinte, der »Taxus der nördlichen Gärtnerei, spitz zugeschnitten« sei »Nachahmung des schönen Naturprodukts der Cypressen«. Auch die Goethezeit hielt es,
gegen den überwundenen Barock, sehr mit der natürlichen Natur.
Und dann doch die Zeilen: »Natur und Kunst, sie scheinen sich zu
fliehen / und haben sich, eh man es denkt, gefunden«. Zum Beispiel
in den Gärten der Toskana, im florentinischen Giardino della Gam-
beraia oder im Gartentheater der Villa Reale bei Lucca, wo hohe
Taxuswände mit Toren und Fenstern Eintritt gewähren, Ausblicke
eröffnen, Nischen bilden für den Sockel einer marmornen Göttin
oder für ein hitziges Tête-â-tête auf kühler Bank.

Für Bühnenbilder dieses Zuschnitts fehlt uns der Platz, vor allem
die Geduld. Eiben wachsen langsam. Wir haben auch nicht die Mit-

tel, gleich mit großen, teuren Pflanzen anzufangen wie einst der Finanzminister Fouquet, der dem Sonnenkönig am 17. August 1661 vorführte, was er sich in Vaux-le-Vicomte, nicht weit von Fontainebleau, in fünf Jahren hatte bauen lassen: ein stattliches Schloß und einen Park, der seinesgleichen nicht hatte. Denn der war von dem jungen Le Nôtre angelegt worden, symmetrisch, aber den Gesetzen der Perspektive spottend, mit vielen Wasserspielen und noch mehr Taxuspyramiden und Taxusmauern. Ludwig der Vierzehnte sei vor Neid erblaßt, sagt die Legende, die Voltaire in zwei Sätze faßte: »Um sechs Uhr abends war Fouquet der König von Frankreich. Um zwei Uhr nachts war er nichts mehr.« In Wahrheit hatten Colberts Intrigen schon vorher Wirkung getan, Fouquet wurde auch erst drei Wochen nach seiner Gartenpräsentation verhaftet und auf Lebenszeit ins Gefängnis gesteckt. Nicht zuletzt deshalb, weil er versucht hatte, die Favoritin des Königs für sich zu gewinnen. Der hat dann aber nicht nur Fouquets Schloß-Architekten für Versailles verpflichtet, sondern auch das Gartengenie Le Nôtre.

Wer sich heute den renovierten Park von Vaux-le-Vicomtes erwandert, kann den Neid des Königs verstehen und stellt sich bald die eine und andere Eibenpyramide als Eckpfeiler des eigenen kleinen Gartenhorizonts vor. Auch eine geschlossene englische Version wäre denkbar: My home is my castle, also Eibenwände mit eingeschnittenen Zinnen, von einem grünen Wächter besetzt. Oder nur von einer Schar kapitolinischer Gänse.

Magnolie heißt Fleischeslust

Wäre Wan Jun, die Gemahlin des letzten Kaisers von China, im mandschurischen Exil weniger unglücklich gewesen, hätte sie sich den Inhalt einer Orchideenvase nicht ohne jede Würze und Zutat in den Mund gestopft, am Ende unter Tränen, wie der Film von Bertolucci zeigt. Hätte sie einige Jahrzehnte früher gelebt, wären ihr in Peking zeitlebens von den Eunuchen der kaiserlichen Küche die ebenso weißfleischigen Blütenblätter der Yulan-Magnolie in Ei und Mehl gewendet und in siedendem Öl ausgebacken worden, so rasch, so kroß, daß unter der braunen Kruste Schmelz und Duft der Blume erhalten bleiben.

Die Yulan-Magnolie, in ihrer Heimat heißt sie Jade-Orchidee, trägt die botanische Bezeichnung Magnolia denudata: Die rahmfarbenen, später fast silbrig weißen Blüten erscheinen an noch nackten Zweigen. Wir können sie auch fritieren. Sie nur anzuschauen ist vielleicht der höhere, der angemessene Genuß. Die Versuchung ist groß, wenigstens ihre seidige Haut zu berühren. »Blume des nächtlichen Beisammenseins« ist ein anderer Name, den ihr die Chinesen gegeben haben. Vor Zeiten stand die Magnolie als Sinnbild von Reinheit und Süße allein dem Kaiser zu. Geruhte der Himmelssohn, eine Magnolie zu verschenken, war das eine unerhörte Auszeichnung.

In Europa wurde eine beneidenswerte Huldigung post mortem dem Gartendirektor von Montpellier zuteil, als die attraktive Chinesin und ihre achtzigstämmige Familie nach ihm, Pierre Magnol, benannt wurde. Magnolien, die im atlantischen Amerika heimisch sind, aber auch einige fernöstliche Arten blühen erst im Sommer im belaubten Baum, nicht so spektakulär, nicht so massenhaft, doch, aus der Nähe betrachtet genauso bewunderungswürdig. Sie haben nicht viele, aber um so glühendere Verehrer, denen die nackte Allerweltsmagnolie nichts mehr bedeutet.

Die chinesischen und japanischen Frühjahrsmagnolien wurden

Magnolia soulangiana: Fleischige Blüten, die sich nicht zu früh öffnen,
so daß sie den Spätfrösten fast immer entgehen

in den europäischen Vorgärten vor der Blautannenzeit so regelmäßig gepflanzt, daß man ihrer steifen Pracht überdrüssig werden konnte. Heute darf man sich wieder für sie einsetzen: Mit den alten Häusern verschwinden auch die stattlichen Magnolienbäume. Wenn im Frankfurter Westend eines der rar gewordenen Exemplare früher aufbricht als anderswo, in weißer, rosa überhauchter oder auch purpurner Fleischeslust, ist das alle Jahre ein Motiv für die Fotografen der Lokalblätter.

Was da die immer hochformatigen Bilder mächtig füllt, obwohl die Bäume eher in die Breite gehen als in die Höhe, wird kaum noch eine Magnolia denudata sein, sondern die pompöse Tochter, Magnolia soulangiana. Sie ist die Frucht einer Verbindung mit der später blühenden Magnolia liliiflora, darum entfaltet sie ihre tausend tulpenförmigen Blüten meist erst Ende April.

Diese Soulangiana hat ihren Namen von Monsieur Soulange-Bodin, einem französischen Kavallerie-Offizier, der nach der verlorenen Schlacht von Waterloo das Königliche Institut für Gartenbau in Fromont bei Paris gründete und dort den Siegeszug der Magnolie in Europa beförderte, indem er zwar nicht die Vaterschaft übernehmen, jedoch Hebammendienste leisten konnte bei eben jenem Kind, das viel robuster ist als seine Eltern: Soulangiana ist nicht so kalkempfindlich, sie übersteht die härtesten Winter und die längsten Hitzeperioden. Vor allem muß, weil sie etwas später kommt, nicht so oft in kalten Frühlingsnächten um ihre Blüten gebangt werden.

Wer sich also eine der sehr verschiedenen Sorten von Magnolia soulangiana in den Garten setzt, macht nichts falsch. Ob er aber für seine Verhältnisse richtig gewählt hat, wenn er sich für »Iolanthe« entscheidet, eine neuseeländische Soulangiana-Hybride mit dreißig Zentimeter breiten Blütenkelchen, die ihrem Zartrosa noch einen Hauch Orange beifügen? Man kann durch die botanischen Gärten spazieren, Bücher studieren, etwa die »Kostbarkeiten aus ostasiatischen Gärten« von Andreas Bärtels, und sich in Spezialgärtnereien kundig machen, zum Beispiel bei Otto Eisenhut in San Nazzaro im Tessin oder bei Gottlieb Grübele im württembergischen Weissach. Die Liste der amerikanischen Magnolia Society, die sechshundertvierzig Magnolien enthält, wird unsereinen nur verschrecken, doch einige Kandidatinnen wollen Revue passieren.

Die japanische Sternmagnolie, Magnolia stellata, ist ein kompakter Busch, langsam wachsend, nach vielen Jahren kaum mannshoch. Sie braucht einen warmen Winkel, damit die schon im März aufbrechenden Blüten der Frost nicht bräunt. Eine andere Japanerin, Magnolia kobus, wird größer, kommt später, trotzt jedem Frost; sie mag aber erst blühen, wenn sie zehn oder fünfzehn Jahre alt ist. Die Blüten sind nur handtellergroß, jedoch gefälliger, lieblicher als die gewaltigen Löffel der Soulangiana. Der Darmstädter Dendrologe Franz Boerner schwärmte einst: »Vor einem blühenden Baum glaubt man, Scharen schneeweißer, flatternder Vögel hätten sich im Geäst niedergelassen.« Im Oktober haben sie sich in rote walzenförmige Früchte verwandelt, aus denen die Samen an langen Fäden

heraushängen. Eine Kreuzung von Stellata und Kobus vereint deren Vorzüge: Magnolia loebneri blüht reich im April und schon an der jungen Pflanze, sie ist winterfest, wächst rasch und wird sechs Meter hoch. Die Purpurmagnolie blüht Ende Mai, im Hochsommer duften die Blüten der Magnolia watsonii nach Ananas. Die immergrüne Magnolia grandiflora ist für unsere Breiten nicht geeignet, erst in Südfrankreich fühlt sie sich wohl.

Bevor wir uns in einer Aufzählung verlieren, greifen wir zum Spaten, eine Pflanzgrube auszuheben. Denn gepflanzt wird vor dem Austrieb. Der Boden sei nahrhaft und frisch, eher sauer als kalkig, eher lehmig als sandig, doch durchlässig. Da die Wurzeln nicht tief gehen, muß die Baumscheibe in den ersten Jahren mit Laub oder Kompost gegen das Austrocknen geschützt werden. Später ist nicht mehr viel zu tun. Keinesfalls wird an einer Magnolie herumgeschnitten.

Wo wird sie gepflanzt? An einem windgeschützten Platz, der hell ist; Magnolien brauchen die Sonne noch im Spätsommer, damit das neue Holz und die Knospen Kraft sammeln für den Frühling. Daß die dickste Magnolie unseres Stadtviertels an einer zugigen Nordostecke steht, beweist wieder: Keine Regel ohne Ausnahme. Neben oder gar zwischen andere Gehölze will sie aber gewiß nicht gesetzt werden. Sie entfaltet ihre aristokratische Pracht in der Sonderstellung. Sie will ihre Umgebung beherrschen. Sie ist die Blume des Kaisers.

Seite 56/57: Im Garten von Sir Peter Smithers am Luganer See blüht Sundew, auch eine englische Soulangiana-Hybride

Vergißmeinnicht

Ein Liebespaar ging am Fluß spazieren. Es war ein schöner Tag im Mai. Das Mädchen entzückte sich über himmelblaue Blüten, die am Fuß der Böschung leuchteten. Als der Liebhaber die blaue Blume pflücken wollte, stürzte er ins Wasser. Bevor er den Augen der Geliebten für immer entschwand, rief er noch: »Vergißmeinnicht!« Es muß wohl Myosotis palustris gewesen sein, das Sumpfvergißmeinnicht. Es wächst an feuchten Stellen und fast noch im Wasser. Am Gartenteich darf der Vergißmeinnichtplatz sogar leicht überflutet sein.

Wenn das »Vergiß mein nicht!« eine Bitte war, standen die Chancen nicht gut für den letzten Wunsch des Unglücklichen. Nach allen Überlieferungen wirft das Zauberkraut Vergißmeinnicht nur dann die unsichtbaren Ketten der Treue über den geliebten Menschen, wenn ihm die Wurzel oder ein Blütenkranz um den Hals gebunden oder, besser noch, ans Herz gelegt worden war. Auch das Volkslied rät: ans Herz! »Blau blüht ein Blümelein, / das heißt Vergißnichtmein. / Das Blümlein leg ans Herz / und denke mein.«

Der Unfall am Wasser ist mehrfach verbürgt. Er hat sich im vergangenen Jahrhundert an verschiedenen Orten zugetragen, auch an der Seine und an der Themse. Der Franzose konnte schwimmen. Der Engländer gurgelte: »Forget me not!« Auf den Britischen Inseln heißt die wassersüchtige Blume mit den kantigen Stengeln »water forget-me-not«. Sie steht auf haarlos glatten Beinen, wenn man der Blumenschriftstellerin Alice Coats glauben will: »The water forget-me-not differs from all the land species in having smooth, not hairy, stalks.« Auf dem Kontinent haben alle Vergißmeinnichtarten, auch das Sumpfvergißmeinnicht, mehr oder minder haarige Stengel, nicht nur behaarte Blätter, die ihnen den Beinamen Mausohr eintrugen.

Das kleine Ackervergißmeinnicht, Myosotis arvensis, spielt im Garten keine Rolle; aber vielleicht steht es unvermutet als Gast am

Zaun oder in der Baumscheibe unter der Sauerkirsche. Eher sucht der Blumensammler das buschige Alpenvergißmeinnicht, Myosotis alpestris, das auf den Almwiesen der Hochgebirge Europas, Asiens und Nordamerikas im Frühsommer blüht oder auch erst im August, falls es in Gletscherregionen über dreitausend Meter hinaufgewandert ist. Im Steingarten des Flachlandgärtners öffnet es den hellblauen Blütenstern mit dem gelben Auge schon im Mai. Vom Waldvergißmeinnicht, Myosotis sylvatica, das auch Gartenvergißmeinnicht genannt wird, gibt es nur zweijährige Sorten, »Indigo« zum Beispiel, »Amethyst«, »Blaue Kugel«, aber auch rosarote und weiße. Karl Foerster schwärmte vom Riesenvergißmeinnicht »Blaues Wunder«, das zentimeterbreite Blüten auf fast halbmeterhohen Büschen trägt. Auf der Frankfurter Bundesgartenschau gewann »Wagners Perfecta« die Schönheitskonkurrenz. Die Sylvatica-Abkömmlinge stehen gern im Halbschatten; in manchen Gegenden ist dieses Vergißmeinnicht deshalb zur Friedhofsblume degradiert. Volle Sonne und wieder viel Feuchtigkeit verlangt der Winzling Myosotis rehsteineri, der keinen deutschen Namen hat. Seine zierlichen Blüten kommen schon im April. Die ausdauernde Zwergstaude wird drei bis fünf Zentimeter hoch: ein blausamtener Saum für den Geröllbach im Alpinum, aber nicht leicht über den Winter zu bringen. Die Wissenschaft kennt nicht weniger als fünfzig Arten, auch südafrikanische, australische.

Doch das Vergißmeinnicht schlechthin bleibt das zaubrische Myosotis palustris, das einst die flüchtige Liebe haltbar machen sollte. Der französische Karikaturist Grandville hinterließ unter seinen Blumenbildern, den »Fleurs animées«, die anrührende Szene, wo ein Vergißmeinnicht-Fräulein mit dem blauen Sträußchen in der Hand dem Auswandererschiff verzweifelt hoffnungsvoll nachwinkt. Während manche Arten, vor allem die wilden, etwas blaß sind oder im Aufblühen rosa überhaucht (»In ihrem Blau schlummert ein vergessenes Weiß, ein ersticktes Rot«, bemerkte Rudolf Borchardt), wurden die Züchtungen auf reine Farben ausgelesen. Myosotis palustris »Alba« blüht in unschuldigem Weiß. Doch die

Das Vergißmeinnicht war einst die Blume für das Poesiealbum: la fleur de souvenance. Myosotis sylvatica ist das klassische Gartenvergißmein-nicht, das wieder zu entdecken sich lohnt

Farbe der Treue ist Blau. Tiefblau wie »Graf Waldersee«, die »Perle von Ronneburg« oder das »Nixenauge«, leuchtend blau wie die »Meernixe«. Die großäugige »Thüringen« wurde schon vor Jahrzehnten als ausdauernde Sorte für Sträuße gerühmt. »Leider gibt es diese Sorten kaum noch im Handel«, klagt das Lexikon der »Freiland-Schmuckstauden« aus dem Ulmer-Verlag, »da die Staudengärtnereien aus Rationalisierungsgründen nicht mehr in der Lage sind, die Sorten vegetativ zu vermehren und vor Verfälschung durch Selbstaussaat zu schützen.« So geht nun wieder verloren, was mit Glück gefunden wurde; wie die Liebe, die unwiederbringliche.

Das Vergißmeinnicht sei auf Nahwirkung angelegt, zum genauen Hinsehen, schieb Rudolf Borchardt im Buch vom leidenschaftlichen Gärtner. Es habe eine geheime Anmut, aber kein Relief. Er notierte das wahrscheinlich aus der Erinnerung im toskanischen Exil, wo es keine Obstgärten mit Vergißmeinnichtwiesen gibt, keine Tulpenbeete und Rosenrabatten mit blauem Unterfutter. Freilich trifft Borchardts Charakterisierung das Wesen der Blume. Das Vergißmeinnicht gehört nicht zu den Prachtstauden, die sich als Einzelstücke gegen andere Schaupflanzen behaupten. Es ist ein Blümchen. Eine luftige Erscheinung, eine Spiegelung des Himmels. Es wird aber stark und gibt dem Garten Kontur, wenn es sich scharen darf, zur Fläche sich schließen: als Mörikes blaues Band oder als flirrend blauer See im grünen Gelände. Auch zum Strauß gebunden wirkt es zauberhaft und vielleicht doch zauberkräftig, wenn die Veilchenzeit vorbei ist und die ersten Rosen auf sich warten lassen. Das Vergißmeinnicht gleicht dem geliebten Mädchen: Anderen fällt es nicht auf, der Verliebte kann sich gar nicht sattsehen. In einer Variante des Volkslieds klingt das so: »Es wächst ein Kraut im Garten, / das heißt Vergißnichtmein. / Dasselbe muß man warten / mit gutem Augenschein«.

Kränzt mir mein Haupt mit Rosmarin

Ich hab die Nacht geträumet / wohl einen schweren Traum, / es wuchs in meinem Garten / ein Rosmarienbaum.« So hebt ein Volkslied an, das auf die Nachricht vom Tod des Geliebten hinausläuft. Es ist noch nicht lang her, daß ein Leichenbegängnis ohne den Rosmarinzweig am Revers in manchen Landstrichen Süddeutschlands kaum vorstellbar war. Wenn jedoch Hölty sang: »Als ich im Garten träumte, / ins Haar den Rosmarin mir wand«, war es nicht Todessehnsucht, die den Dichter befiel; er suchte seinem Pegasus Nahrung zu geben. Denn der Duft und die Essenz des Rosmarins, das wußten die Römer und das behaupten ernsthafte Bücher noch heute, stärken das Selbstgefühl, den Kopf, und dort besonders das Gedächtnis. »Kränzt mir mein Haupt mit Rosmarin, / dieweil ich Braut und Jungfrau bin«, trällerten die Dienstmädchen, wenn sie die Wäsche plätteten: Rosmarin war auch bei Hochzeiten unentbehrlich, als Schmuck und Glaubensartikel. Er symbolisierte die Treue. Noch weniger konnten die Kräuterdoktoren auf ihn verzichten. Er vertrieb zwar nicht die Pest, aber fast jede Art von Schwachheit, nicht bloß die Gedächtnisschwäche, allerdings so schwungvoll, daß Schwangere und Epileptiker auf Rosmarintee und Rosmarinwein verzichten mußten. Ein Rosmarinbad, das ist nun eigene Erfahrung, macht so munter, daß es vor dem Schlafengehen nicht empfohlen werden kann.

Rosmarinus officinalis ist ein immergrüner Halbstrauch, fast zwei Meter hoch, der am Mittelmeer zu Hause ist. Benediktiner sollen ihn über die Alpen gebracht haben; falls er nicht schon mit den römischen Besatzungstruppen gekommen war. In alten und noch in den neuesten Büchern wird als deutsche Bezeichnung der Name Meertau angeboten, aus dem Lateinischen übersetzt, von ros (Tau) und mare (Meer). Eine Herleitung aus den griechischen Wortwurzeln rhops (Strauch) und myrinos (balsamisch) kommt dem Charakter der Pflanze näher. Die herb, aber sehr aromatisch duf-

Rosmarin ist ein starkes Gewürzkraut der Mittelmeerländer. Im Topf am Küchenfenster kommt es über jeden Winter. Mäßigen Frösten widersteht es jedoch auch draußen auf dem Kräuterbeet

tenden Zweige des Balsamstrauchs schmückten und beweihräucherten an Feiertagen die Statuen der Götter.

Im Alltag ist der Rosmarin ein Küchenkraut. Ein bescheidenes Mitglied des Gewürzorchesters ist er freilich nicht. Im Bouquet garni würde er sofort versuchen, alle anderen Kräuter zu übertönen. Er ist ein Solist, gerade noch zum Duett tauglich, mit dem Thymian zum Beispiel oder mit dem Knoblauch. Er würzt Schweinerücken und Poularde, gebeizten und gegrillten Fisch, er schärft Tomatengerichte, muß in die Ratatouille, macht Bratkartoffeln unvergeßlich. Vor allem wird er für Wild und Lamm gebraucht. Wenn Elfie Casty ihre Lammkoteletts drei Minuten in Olivenöl gebraten hat und umgebettet und zugedeckt an der Herdseite weitergaren läßt, wischt sie das Öl aus der heißen Pfanne und gibt wenig Butter hinein, eine halbe Schalotte, feingehackt, eine halbe Knoblauchzehe, dazu einen Zweig Rosmarin, läßt alles goldgelb anziehen, fügt eine gewürfelte Tomate hinzu, löscht mit Noilly Prat, füllt mit zwei Eßlöffeln Doppelrahm auf, schmeckt mit Salz und Pfeffer ab, einer Messerspitze Senf und einem Spritzer Zitronensaft. Bevor die Koteletts auf heißen Tellern mit der noch etwas eingedampften Sauce umgossen werden, nimmt sie den Rosmarinzweig heraus. Er hat genug Aroma abgegeben. Und man muß nicht auf den Nadeln kauen.

Es sind freilich keine Nadeln, sondern schmale, ledrige Blätter, oben glänzend dunkelgrün, unten weißfilzig behaart. Das Wichtigste sei, schreibt die schweizerische Köchin in ihrer Genußanleitung »Mit einer Prise Leidenschaft« (Heyne), daß der Zweig frisch ist: Nur dann entfalte sich die unvergleichliche Harmonie zwischen dem Lamm und dem Rosmarin. Wer je frische Triebspitzen unter der Nase hatte, wird nie wieder getrocknete Blätter verwenden mögen. Aber immer sparsam! Die Hälfte ist noch zu viel. Und nicht im Mörser zermalmem, sonst verfliegen die ätherischen Öle, bevor sie in den Topf gelangen. Eher sollte ein Zweig beim Grillen der Lammschulter durch den Rost auf die Glut fallen: Wie das duftet, wenn er verbrennt!

Rosmarin gleicht dem Lavendel. Auch er bildet einen holzigen Busch, auch er blüht blau, obwohl etwas blaß und schon im April. Leider ist er in Mitteleuropa strengen Wintern nicht gewachsen. Gar so frostempfindlich, wie die Bücher sagen, ist er gottlob nicht. Hätten denn die Altvorderen alle ihre Hochzeits- und Friedhofsrequisiten und das Apothekenmaterial nur aus Blumentöpfen gezogen? Als wir einen besonders stattlichen Rosmarin aus Avignon mitbrachten, erfror er im folgenden Winter. Minus zwanzig Grad über eine Woche hin hielt er nicht aus. Doch ein vor vier Jahren gepflanzter Strauch hat nun, ganz ungeschützt, drei Winter überstanden, die zwar ungewöhnlich mild waren, aber doch mit einigen strengen Frostnächten durchsetzt. In seinen »Nachrichten aus dem Garten« (Klett-Cotta) rät Jürgen Dahl: »Statt die kräftig werdenden Büsche im Herbst mühevoll auszugraben und ins Haus zu bringen, ist es viel besser, nur ein paar Jungpflanzen auf dem Fensterbrett überwintern zu lassen und die Mutterpflanze draußen zu lassen. Manchmal hält sie mehrere Jahre aus, bevor sie der Erfrierungstod ereilt.« Wer einen guten Gemüsemarkt in der Nähe hat oder gar die Frankfurter Kleinmarkthalle, kann kräftige Büsche mitten im Winter kaufen. Diese Topfpflanzen sollen nicht zu viel gegossen werden, dürfen jedoch nie ganz austrocknen. Auch im Garten steht der Rosmarin nicht naß, doch feuchter als am Wildstandort. Der Boden kann mager sein, etwas organischer Dünger schadet nicht, Kalk ist nötig.

Klassische Rosmarinländer sind Italien, Südfrankreich, Spanien; aber auch England, wie Shakespeares Dramen verraten. Am Hof Heinrichs des Achten wurde eine Nachspeise favorisiert, Rosemary Snow, die aus Schlagrahm, Eischnee, Zucker und Rosmarin bestand. Aus dem heutigen England kennen wir ein Gebäck, übermittelt von Geraldene Holt in »Die schönsten Rezepte aus französischen Kräutergärten« (DuMont): Hundert Gramm Butter mit fünfzig Gramm Zucker schaumig rühren. Hundertfünfzig Gramm Mehl und einen gehäuften Eßlöffel gehackten Rosmarin zugeben. Den Teig nicht zu dünn ausrollen, ausstechen, die Plätzchen auf gefettetem Papier bei hundertsechzig Grad eine gute Viertelstunde bakken, bis sie anfangen, braun zu werden. Auch das ist Futter für den Pegasus.

Über den grünen Klee

K omm zu mir in Garten, / komm zu mir in Klee«, lockt der Liebhaber sein Mädchen in einem Odenwälder Volkslied. Klee klingt so unschuldig frisch. Klee klingt auch poetisch. Der Klee hat Tradition bei den Sängern seit der mittelhochdeutschen Minnelyrik. Damals war der Klee Inbegriff des Lebens, wenn nicht der Liebe. »›Du bist kurzer, ich bin langer‹, / alsô strîtents ûf dem angcr / bluomen unde klê«: Walther von der Vogelweide sucht einem Mädchen klarzumachen, daß es Mai geworden sei. Der Klee ist ihm das saftige Unterfutter des Frühlings. Später, als ihm nicht so sehr der Minnedienst, aber das Leben als fahrender Spielmann beschwerlich wird, als er Friedrich den Zweiten um ein Lehen bittet, denkt er mit Neid an jene, die den eigenen Hof schon genießen: »Sô mac der wirt baz singen von dem grünen klê.« Der Klee diesmal als Unterfutter eines bescheidenen Wohlstands. Das ist der Klee als Futterpflanze in der Landwirtschaft, der Klee als solcher. Er heißt vor allem Rotklee, Trifolium pratense. Er wird in Deutschland seit dem elften Jahrhundert als Nutzpflanze angebaut. Er hat so viele Verwandte, daß ein Pflanzenlexikon allein sie gar nicht aufzuführen vermag.

»Komm zu mir in Garten«: Auch wir entdecken immer wieder Klee im Garten, sind aber gar nicht glücklich darüber. Denn das ist nun der Steinklee oder Weißklee, Trifolium repens, der kriechende. Er ist unempfindlich gegen Tritte von oben und verdichteten Boden unten, darum breitet er sich störend vor allem im Rasen aus. Besonders, wenn wir es gut mit den Gräsern meinen und dem Wurzelwachstum zuliebe mehr Phosphor in der Düngermischung haben. Dann wuchert der Weißklee um so mehr. Der Odenwälder Sänger kannte unseren Teppichrasen nicht, sondern nur die Kräuter-Wiese in der Art des Dürerschen Rasenstücks.

Der Wiese im Garten wird heute von vielen wieder der Vorzug gegeben: weil sie so natürlich ist. Rasen sei wider die Natur, geradezu pervers, er kann ja nur durch unentwegtes Mähen und Düngen am Leben gehalten werden. Die Verächter des Rasens sehen über seinen entscheidenden Vorzug hinweg: daß er begehbar, bespielbar, ja bewohnbar ist. Und sie übersehen, daß auch die Wiese ein Kunstprodukt ist: Wo nicht Weidetiere gehalten werden, wo nicht die Sense saust, die Mähmaschine fährt, kommen binnen kurzem Sträucher und Bäume hoch. Wo der Mensch nicht ist, breitet sich der Urwald aus.

Im Wald, wo er am dunkelsten ist, finden wir den Klee, der uns auch im Garten lieb ist, wenngleich er gar nicht als Klee gelten darf, denn er ist ein Storchschnabelgewächs mit kleeähnlichen Blättern: der Sauerklee, Oxalis acetosella. Der Volksmund gab ihm Namen wie Hasenkohl und Kuckucksbrot. Man nennt ihn auch Kleesalzkraut. Wegen seines hohen Oxalsäuregehalts wird er in der homöopathischen Medizin bei Stoffwechselstörungen verwendet, früher diente er als Abführmittel: zwei Blätter auf eine Tasse, mit Honig gesüßt. Als Beigabe zu Salaten, Suppen und Saucen kommt der Sauerklee jetzt vielleicht wieder in Mode. Doch bitte nicht in größeren Mengen, sonst setzt es Nierensteine.

Nicht wegen seines sauren Charakters wird der Sauerklee von der Staudengärtnerei im Sortiment geführt, sondern wegen seines reizvollen Bildes als Bodendecker für schattige Plätze und ganz finstere Ecken. Bevor der unverwüstliche Efeu und das ausdauernde Immergrün seinen Platz eroberten, war der Sauerklee auf dem Friedhof beliebt. Wenn wir die Redensart benutzen, jemand werde über den grünen Klee gelobt, könnten wir meinen, es stehe der Futterklee dahinter, der selber schon so etwas wie ein Superlativ war. Der Spruch hat aber vermutlich einen ganz anderen Hintergrund: De mortuis nil nisi bene. Jemanden über den grünen Klee loben, hieß wohl zuerst einmal: von einem Toten reden, übers Grab hinaus, also nur Gutes.

Nur das Beste wurde allen dreiblättrigen Kleearten von unseren Voreltern nachgesagt, sofern ein Stiel ausnahmsweise vier Herzblätter ansetzte. Der Finder werde Glück haben oder gegen Zau-

Den mexikanischen Glücksklee mag jeder: den vierblättrigen mit den
rosa Glöckchen auf hohem Stiel. Den Rotklee frißt das Vieh. Den Stein-
klee fürchtet der Rasenpfleger. Diesen schönen Sauerklee schätzen wir
als Bodenbegrüner in dunklen, feuchten Ecken

berei geschützt sein oder selber magische Kräfte entwickeln. Was
die Glückssucher, die heute noch abergläubisch beim Spaziergang
am Feldweg nach dem Vierklee Ausschau halten, jedoch nicht wissen: Der Vierblättrige zeigt nur Wirkung, wenn er ungesucht gefunden wird. Er darf auch nicht gepflückt werden: »Selig das Auge, das
ihn sieht, verflucht die Hand, die ihn bricht.«

Es gibt einen Glücksklee, Oxalis deppei, der so eindrucksvoll
vierblättrig ist, daß bis jetzt keine begehrliche Hand sich nach ihm
zu strecken wagte. Er steht sommers auf der Terrasse in einem
weiten mexikanischen Tongefäß, denn seine Heimat ist das nördliche Mittelamerika. Irgendwann zu Silvester war er in einem winzigen Topf ins Haus gekommen, mit nicht mehr als zwei Blättern.
Nun hat er sich über die Jahre zum Sommergebüsch entwickelt. Die
vier Herzblätter auf hohem Stengel sind innen braunpurpurn und

außen leuchtend grün. Im Mai und Juni hebt er lachsrote Blüten über den Blätterwald hinaus. In den ersten kalten Herbstnächten stirbt er ab, dann überwintert er samt dem Gefäß im Keller. Nach den Eisheiligen treiben die Rhizomzwiebeln aber noch mächtiger wieder aus.

Eine wunderliche Eigenart hat der Mexikaner mit unserem heimischen Sauerklee gemeinsam: Am Abend faltet er die Blätter in Schlafstellung. Warum? Die botanische Wissenschaft vermutet, daß die auf der Blattunterseite sitzenden Spaltöffnungen, die Atemorgane, gegen Tau geschützt werden sollen. Er faltet die Blätter allerdings auch, wenn es regnet, und manchmal schon an heißen Nachmittagen, wenn die Sonne allzu stechend brennt. Das ist dann ein Signal für uns. Geht der Glücksklee schlafen, darf auch die Gartenarbeit ruhen.

Mein roter Fingerhut blüht weiß

Als van Gogh im Juni 1890 den Doktor Gachet porträtierte, legte er ihm zwei Stengel des Fingerhuts, Digitalis purpurea, zur linken Hand. Er gab allerdings den Blütenglocken auf dem sehr roten Tischtuch keine Spur von Purpur, sondern ein verwaschenes Blau, so wasserhell wie die Augen des Mannes, von dem der Maler an den Bruder schrieb, er sei »mindestens so nervenkrank wie ich«. Das Attribut Digitalis galt wohl dem Arzt schlechthin. Dem Liebesschmerz, den Marguerite im Herzen van Goghs entzündet hatte, die einundzwanzigjährige Tochter Gachets, war mit dem Fingerhut nicht beizukommen. Wenige Wochen später beendete der Patient, den das Malen nicht mehr retten konnte, mit einem Pistolenschuß sein Leiden an der Welt.

Der Fingerhut für den Doktor war wohl aus dessen Garten genommen. Die Blässe der Blüten könnte als ein Hinweis darauf verstanden werden, daß Digitalis im Garten gegenüber dem Wildwuchs im Wald nur einen Bruchteil der so giftigen wie heilsamen Wirkstoffe enthält, die diese Pflanze in der Medizin bedeutend machten. Erstaunlicherweise erst in jüngerer Zeit, nicht schon im Altertum. Zwar nahmen die Kräuterdoktoren des sechzehnten Jahrhunderts vom Fingerhut Notiz, doch nur nebenher. So recht entdeckt hat ihn erst der englische Arzt William Withering, der 1775 auf das herzstärkende Wundermittel eines Kräuterweibleins aufmerksam gemacht worden war: »Diese Medizin war aus zwanzig oder mehr verschiedenen Kräutern zusammengesetzt, aber es war nicht schwierig zu erkennen, daß das wirksame Kraut nichts anderes als der Fingerhut sein konnte.« Zehn Jahre später veröffentlichte er das Ergebnis seiner Forschung und Praxis: »An Account of the Foxglove and Some of its Medical Uses.« Foxglove ist die englische Bezeichnung für den Fingerhut. Foxglove heißt aber nicht, wie das Wörterbuch nahelegt, Fuchshandschuh, sondern soll sich aus dem Altenglischen herleiten: Fuchsmusik. Musik für die

nachts durch den Wald schnürenden Füchse, wenn Oberons Elfen im Mondlicht die Blütenglocken läuten.

Den Gärtner kümmern die Elfen und die den Herzschlag stärkenden Glykoside nicht, zumal sich Selbstmedikation verbietet. Heilkraft und Todesgefahr liegen nah beisammen. Der Gärtner schaut auf die optische Wirkung der kerzengeraden und manchmal mannshohen Rispen. Und die kann grandios sein, schon am Waldrand und auf Kahlschlägen, wo sich der Fingerhut ansiedelt, sobald er offenen Boden findet, der nicht kalkig und nicht naß ist. Er sät sich über Jahre immer wieder selbst aus, bis ihm die anderen Kräuter, die Gehölze und der sich verfestigende Boden keine Chance mehr lassen. Im Garten ist es nicht anders: Kaum ist irgendwo gerodet worden, und sei es nur das Tomatenbeet, oder ein Hang neu angelegt, kaum liegt lockere Erde zutage, sitzen plötzlich flache Rosetten fleischiger Blätter zwischen dem Gesäten und Gepflanzten, aus denen sich im folgendem Jahr die Blütenähren erheben.

Der Fingerhut ist zweijährig. Im ersten Jahr bildet er die dicke Blattrosette. Im zweiten Jahr steigt er in die Höhe und blüht. Schneidet man die verblühte Rispe sofort ab, kann die Pflanze mehrere Jahre überleben. Fingerhüte, die am unrechten Ort aufgegangen sind, lassen sich leicht versetzen, da der büschelige Wurzelstock nicht gleich in die Tiefe geht. Bei uns blüht der Fingerhut, wo es ihm gefällt, sogar noch zwischen dem Schnittsalat, und wie es kommt: oft rosa bis violett, meistens weiß, weil die weißen immer geschont werden, wenn es ans Ausreißen überzähliger Pflanzen geht. Die weißen dürfen Samen schleudern. Weiße Glocken sind vor allem vor der dunklen Eibenhecke willkommen. Die Farbe läßt sich leider nicht erkennen, solang sich die erste, die unterste Blüte nicht zeigt. Darum soll der mit Bedacht seine Rabatten gestaltende Gärtner Samen kaufen, will er nicht auf den Zufall hoffen. Wird die

Seite 72/73: Der Rote Fingerhut, Digitalis purpurea, kann auch weiß sein, immer ist der Blütenschlund wunderbar gefleckt

Blüte noch im selben Jahr gebraucht, muß er junge Pflanzen in Töpfen aus der Staudengärtnerei holen: Digitalis pupurea »Alba«. Vita Sackville-West, die Herrin von Sissinghurst, schrieb einst ihren Lesern im Observer: »Ich finde, daß sich der reinweiße Fingerhut besonders gut macht, wenn er in Gruppen das Farbenspiel niedrigerer Blumen hoch überragt.« Oder wenn er, ohne jedes bunte Fußvolk, vor den grünen Wänden des berühmten Weißen Gartens steht.

Daß er dort noch immer leuchtet, Jahrzehnte nach dem Tod der großen Gärtnerin, bezeugt eines der Fotos in dem schönen Band »Der architektonische Garten in England« (DVA, Stuttgart). Das Buch von Günter und Laila Mader zeigt sonst keinen einzigen Fingerhut mehr, ist aber ein Pflichtstück für unsereinen, der in seinen kleinen Verhältnissen nicht alles nachvollziehen kann, was die Gartenlust ausmacht, vor allem nicht das Großartige und Großzügige. Einige der dargestellten Gärten kennt der Betrachter schon recht gut, dennoch fällt er aus einem Staunen ins andere: So klar hat er sie noch nicht gesehen, die Gärten und die Regeln, auf denen sie gründen. Blätternd und lesend läßt er der Phantasie die Zügel schießen, der hinterm Haus enge Grenzen gesetzt sind.

Für einige Dutzend Fingerhüte ist aber im kleinsten Garten Platz. In der Sonne halten sie sich an die Höhen, die in den Staudenkatalogen angegeben sind: ein Meter, ein Meter zwanzig, anderthalb Meter. Im lichten Schatten des Chinesischen Rotholzes schießen die haarigen Schäfte aber schulterhoch auf, bevor sich die Blütenähre überhaupt zu bilden beginnt. Wenden sich dann die Glocken alle nach vorn, zum Licht, stammen die Eltern direkt aus dem Wald, denn die Wildstaude blüht einseitswendig, bei den Züchtungen läuten die Glocken nach allen Seiten. Es sind aber eher Schläuche als Glocken, in denen die neugierigen Finger der kleinen Mädchen ganz verschwinden, wenn sie sich solch einen großen weichen Fingerling unbedingt mal überstülpen müssen. Der alte Gärtner hockt vor seinem Fingerhut und sieht sich nicht satt an den immer etwas anders gefärbten und geformten Saftmalen in den

Blütenschlünden. Da möchte man Hummel sein, in solche Paradiese zu schlüpfen.

Neben dem heimischen Roten Fingerhut und seinen Gartensorten gibt es zwanzig andere Arten, zum Beispiel den Gelben Fingerhut, aus Nordspanien, Digitalis lutea, und den Wolligen Fingerhut, laneta, und den Rostfarbenen, ferruginea, beide aus Kleinasien. Den Großblütigen Fingerhut nicht zu vergessen, grandiflora, blaßgelb die dicken Blüten. Schön sind sie alle, aber manche sind mehr interessant als wirklich prächtig. Mit ihnen darf der Sammler glücklich werden. Uns genügt der Rote Fingerhut, besonders wenn er weiß ist. Und unsern Hummeln auch.

Zur Astilbe bekehrt

Die Astilben gehörten bis gestern zu den Blumen, die in anderer Leuts Gärten ihre bonbonfarbenen Fahnen schwenken sollen, nicht bei mir. Zu elegant das feine Blütengefieder auf hohen Rispen, die oft im Bogen überhängen. Aber auch: zu hell, zu sonnig, zu trocken mein Gelände. Astilben, suchen gebrochenes Licht, feuchten Boden, kühle Luft und nicht zu viel Wind, also Waldklima, das ein gerade erst umzäuntes Gartenstück nicht zu bieten hat.

Doch ein Garten verändert sich rasch. Zehn Jahre sind schnell vergangen. Sträucher und Bäume wachsen und schaffen Schattenräume. Der Gärtner wächst auch, sein ideologischer Panzer wird ihm eng, er sprengt die Spangen seiner stärksten Vorurteile und sieht die Umgebung in milderem Licht. Astilben, sagt er jetzt, blühen in allen Rosenfarben, vom reinen Weiß über jegliches Rot bis ins dunkelste Lila; nur gelbe Astilben gibt es gottlob noch nicht.

In hellem Lila schäumen die Astilbenbuchten unter den Buchen zwischen den Rhododendren und Azaleen des Grafen Montgelas. Das am Morgen aufgenommene Foto zeigt: Nichts geht über die auf großer Fläche durchgehaltene Einfarbigkeit, die selten eintönig ist, weil ja das Licht spielt und seine Register zieht. Nicht jeder hat so viel Raum und so langen Atem. Ist der Platz beschränkt, kann es sogar die Wirkung steigern, wenn harmonisierende Farbtöne zur Kadenz zusammenklingen. Tonika, Dominante, Subdominante. Der Gärtner darf musikalisch sein. Wenn er die Kunst der Fuge nicht beherrscht, wird ihn sein Augenmerk bald lehren, wo Musik ist und wo nur Jahrmarktslärm.

Man soll auch mal mehr als drei Farben mischen. Aber mit Bedacht. Fast alle Gärten sind zu bunt. Selten leidet ein Garten darunter, daß er zu wenig Farbe hat. »Die meisten Gärten«, klagte der empfindsame Praktiker Karl Foerster, »sind Dokumente der Andachtslosigkeit, mit der das Leben gelebt wird.« Wer immer in

Bonn heißt diese starke Sorte aus der Familie der Japonica-Astilben

Eile ist, wer sich beim Blättern in Blumenkatalogen oder beim Wandern durch die Staudengärtnerei stracks zu dem und jenem verführen läßt, wird in seinem Garten schwerlich etwas anderes widergespiegelt finden als Unrast und Unentschiedenheit, Verliebtheiten in dies und das. Viele Töne, aber keine Melodie.

Weiß einer sehr genau, was er will, vor allem, was er nicht will, mag sich das Unerwartete doch ereignen. Wir Astilbenverächter hatten das Glück, im vergangenen Jahr zu erleben, wie sich in jenem Rhododendronpark am Frankfurter Stadtwald im Spätsommer noch mal ein Bodenfeuerwerk entzündete. Tausende von Astilben glühten zwischen den grauen Stämmen als ein leuchtender Teppich. »Sie können im Herbst Pflanzen haben«, sagte der Graf dem staunenden Gast, »wie viele Quadratmeter wollen Sie denn bedecken?«

Astilbenbesitzer haben gelegentlich etwas zu verschenken. Ältere Pflanzen, die innen kahl werden, müssen geteilt werden. Die Wurzelknolle wird aus der Erde genommen und in faustgroße Stücke geschnitten, von denen jedes jedoch mindestens drei kräftige Triebe haben sollte. Im November wurden vier Kisten mit Pflanzen übernommen. Darin jedoch keine geteilten Wurzelstöcke, sondern Tochterpflanzen; denn es waren Astilben besonderer Art. Sie wurden in die fette Erde unterm Apfelbaum gesetzt, wo zuvor Tomaten und Zucchini wuchsen, bis es ihnen zu dunkel wurde. Der nahrhafte Platz ist ideal, weil Astilben keine Hungerkünstler sind. Richard Hansen berichtet aus dem Sichtungsgarten in Weihenstephan: »Schlechte Erfahrungen liegen bei der Düngung mit Kuhmist vor. Verrotteter Pferdemist dagegen wirkt Wunder.« Ein Pferd haben wir nicht, aber viel Kompost. Der kann auch Wunder wirken, wenn man ihn so großzügig verwendet wie Bocuse den Cognac beim Lammragout.

Und dann blühte es schon im nächsten Jahr, als hätten die Astilben schon immer hier gestanden. Bloß vorn zum Rasen hin, wo das Mittagslicht ungefiltert brannte, schloß sich der Teppich nicht sofort. Die Pflanzen in der Sonne wuchsen langsamer und blühten später als die unterm schattierenden Schirm des Baums. Die Gartenbücher melden den gleichen Befund: Im Weinbauklima muß die Astilbe noch mehr beschattet und begossen sein; im regenreichen Voralpenland können manche Arten auch in voller Sonne stehen. Man muß aber die Erfahrung selber sammeln. Karl Foerster empfahl schon 1934 in seinem feurigsten Buch, im »Garten als Zauberschlüssel«, Astilben an »recht helle, wenn auch nicht prallsonnige Plätze« zu setzen: »Wir haben früher alle in trockeneren Klimaten den Fehler gemacht, Astilben zu viel Baumschatten zuzumuten, weil wir ihr Verhalten an Sonnenplätzen im Pflanzjahr verallgemeinerten; sie schlappen und verkochen dort nur im ersten Jahr.«

Die Astilbe, zu der wir im Wald des Grafen Montgelas bekehrt wurden, ist nicht eine der klassischen Prachtspieren, keine von den hohen filigranen Sommerfahnen, unsere Astilbe heißt chinensis var. pumila. Sie bleibt bodennah, wie der Namenszusatz andeutet. Sie blüht erst im September in Altrosa, das allmählich in ein helles Lila hinüberspielt. An den aufrechten Rispen steigt das Blühen über Wochen langsam von unten nach oben wie bei einer Königs-

kerze. Niedrigere Sorten gibt es bei den anderen Arten auch, sogar im gleichen Farbton (der weit entfernt ist von der Rote-Grütze-Plumpheit, mit der die Vorstellung von der Astilbe einst behaftet war). Aber keine hat so stramme Lampenputzer wie die pumila, die noch zwei andere Vorzüge hat: Sie treibt Ausläufer, daher die Tochterpflanzen, die bald selber die Lücken schließen, die im ersten Jahr dem Unkraut noch eine Chance gegeben haben. Und sie verträgt mehr Sonne, mehr Trockenheit als ihre feingliedrigen Schwestern, die sich in Wurzelkonkurrenz mit Gehölzen meist nicht recht zu entwickeln vermögen, trotz fleißigen Wässerns. Sie gehört, wie die Golderdbeere, Waldsteinia ternata, zu jenen Bodendeckern, die robust im Schatten wuchern, gelegentliche Durstperioden nicht übelnehmen und immer gut aussehen, auch wenn sie nicht in Blüte stehen. Allein das satte, dichte Grün mit den gefiederten und gesägten Blättern ist eine Augenweide.

Deshalb ist die Bank im Astilbenwald nicht nur ein optischer Akzent, sondern ein guter Platz, wenn nicht zur Andacht, so doch zum Sitzen und Schauen. Auf solch einer Bank muß Vita Sackville-West gesessen haben, als sie den Lesern ihrer Gartenkolumne im Observer bekannte: »Manchmal sitze ich und denke. Und manchmal sitze ich bloß.«

Seite 80/81: Sie scheuen die volle Sonne, aber am Waldrand strecken sie sich zum Licht: Die teppichbildende Astilbe chinensis pumila entzündet sich erst, wenn die Tage wieder kürzer werden

Unsere Unkräuter

Sind Gärtner bessere Menschen? Welche Frage! Krimileser wissen: Der Gärtner ist der Mörder. Leider ist er es nicht bloß im Kriminalroman. Nur ein strenger Winter legt dem Unhold für einige Zeit das Handwerk. Doch fängt er, kaum ist der ärgste Frost vorbei, schon wieder an mit dem Abschneiden und Ausreißen und Umhacken. Ist es endlich Frühling geworden, regt sich Leben zwischen den Beeten, so hebt das Stechen und Hauen erst richtig an. Manche gehen mit dem blanken Messer auf den Löwenzahn los. Falls nicht gleich die chemische Keule geschwungen wird, weil Weißklee im Rasen entdeckt wurde oder Ehrenpreis oder gar ein Gänseblümchen.

Wo Menschen sind, gibt es Krieg, manchmal jahrzehntelang nur kalten Krieg. Wo Gärtner sind und gute Gärtnerinnen, wütet der immerwährende Krieg. Es ist ein Krieg, der um so härter geführt wird, je länger der nicht geschlossene Friede seit 1945 nun schon dauert. Die Munitionslager in den Gartenfachgeschäften sind gefüllt. Die chemischen Waffen werden zwar geächtet, aber sie stehen weiter zur Verfügung. Mit dem Wohlstand wächst der Wille zum Konflikt. Bis zur vierten Auflage trug zum Beispiel der siebente Band von Winters naturwissenschaftlichen Taschenbüchern im Verlag Gebrüder Borntraeger den Titel »Unsere Unkräuter«. Das klang fast wie: Unsere Verbündeten. Oder: Unsere Gäste. Die verbesserte fünfte Auflage enthält statt der alten freundlichen Aquarelle gestochen scharfe fotografische Feindbilder, und der Titel ist schroff auf ein Wort zurückgenommen: »Unkräuter«. Das klingt wie: Nieder mit ihnen! Recht so, sagt der Gärtner, sagt jeder, der einen Garten in Ordnung halten muß.

Gärtner, aber auch die besseren Menschen unterscheiden Wetter und Unwetter, Lust und Unlust, Ding und Unding, Kraut und Unkraut. Das Unkraut ist ein Unglück und immer im Unrecht. Mit den Kräutern und Unkräutern verhält es sich wie mit den Kosten und

Die Ackerwinde ist ein Unkraut, das man nur bewundern kann

Unkosten. Kosten sind erwünscht, sie halten die Bilanz im Gleichgewicht, sie mindern die Steuerschuld; Unkosten sind unsittlich. Auch die Unkräuter sind eine Schande. Nicht nur für die ganze Kleingartenkolonie, die sich wie ein Mann gegen den stellt, der im Kampf gegen das Unkraut versagt. Das Unkraut ist eine Schande für die ganze Natur. Der Teufel muß es in die Welt gebracht haben.

Darum nimmt sich der brave Mann auch das Recht, fuchsteufelswild zu werden, und nimmt sich nötigenfalls einen Anwalt, wenn beim Nachbarn Kreuzkraut und Gänsedistel in Samen gehen, wenn Quecken und Brennesseln ihre Wurzeln unterm Zaun durchschikken. Deshalb gibt es sogar Ortssatzungen und Anordnungen von Landesämtern, die auch dem Hausgärtner die Bekämpfung bestimmter Pflanzen auf seinem Grundstück zur Pflicht machen. Es drohen Geldbußen bis zehntausend Mark.

Werden auf Feldern und in Gärten Aggressionen erzeugt und abgeleitet wie auf Fußballplätzen? Führt der Wohlstandsgärtner in den Zeiten der deutsch-französischen Freundschaft einen lächerlichen Ersatzkrieg gegen das Franzosenkraut und die Gemeine Melde? Nein, die Wut ist echt, der Haß ist uralt. Er ist mindestens so alt wie der biblische Fluch »Disteln und Dornen soll dein Acker tragen«. Seither sind unsere bäuerischen Gemüter aufgebracht gegen die ungebetenen Gäste, gegen die Schmarotzer, die den Nutzpflanzen Platz und Nahrung streitig machen, den Ziergewächsen stürmisch die Schau stehlen. Wie sieht denn ein Rosenbeet aus, das von aufschießenden Disteln überragt und von linksdrehenden Winden gewürgt wird? Und wie kommt sich der Rosengärtner vor, der mühsam gezüchtete, teuer erkaufte und genährte, sehr pflegebedürftige Pflanzen heranzieht – und dann werden sie fast über Nacht von bedürfnislosen und nicht weniger bewundernswerten Pflanzen in Frage gestellt? Was ist, fragt die wilde Winde, die unbesiegbare, was ist die Salonschönheit der Rose wert, die ohne die helfende Hand des Menschen nicht überlebt?

Hier liegen die Wurzeln des ohnmächtigen Zorns: Daß da Ungerufene, Nichtseßhafte, aber überall Gegenwärtige immer wieder stärker sind als alle gärtnerische Bemühung. Daß da etwas ist, das sich unserem Ordnungsdrang widersetzt. Daß dem Menschen Tag um Tag bewiesen wird: Natur ist allemal stärker als Kultur. Und lebendiger obendrein. Als unser Garten noch keiner war, sondern verunkrautetes Baugelände, war er ein Rammlerparadies. Als noch nicht Rasen zu mähen, sondern das Haus auszubauen war, hoppelten die Wildkaninchen vorm Fenster und ließen sich die köstlichen Unkräuter schmecken.

Was ist denn Unkraut? Ein Gewächs, dessen Nutzen noch nicht erkannt oder schon wieder vergessen ist? Dann wäre die Ackerwinde, Convolvulus arvensis, gar keines. Der Aufguß von einem Teelöffel Kraut pro Tasse, fünf Minuten durchgezogen, dreimal am Tag getrunken, soll gut sein gegen Verstopfung und Fieber. Oder ist Unkraut ein Gewächs, das den gerade gängigen Vorstellungen von Schönheit, von Verfeinerung nicht entspricht? Die rosagestreifte Ackerwinde blüht zwar wie ihre reinweiße Schwester, die Zaunwinde, von Mai bis September, aber nur unter der Sonne; nachts und bei schlechtem Wetter hält sie die Augen geschlossen. Die sensiblen Winden sagen den Regen zuverlässiger an als der Deutsche Wetterdienst. Oder ist es ein Gewächs, das sich ungewollt einfindet und ungeniert ausbreitet? Dieser Definition von Unkraut fallen die Winden dann doch zum Opfer. Sie sind so gut wie unausrottbar. Die Wurzeln sitzen metertief im Boden, sie werden nur abgerissen und treiben von neuem aus, der flachlaufenden Quecke ist besser beizukommen, die Brennessel macht es uns mit einem geballten Wurzelgeflecht geradezu leicht. Aber die Winde kann den Geduldigsten beim vergeblichen Jäten zur Verzweiflung bringen.

Liebet eure Feinde? Wir müssen diese Widerständler zumindest bewundern. Denn das Hassen hilft nicht. Der Haß macht uns nur noch ohnmächtiger. Dem Unkraut ist nun mal kein Kraut gewachsen, auf die Dauer auch kein Gift. Mit dem Unkraut müssen wir leben. Unter Naturschutz soll es nicht gestellt werden, doch etwas mehr Toleranz, mehr Gleichmut kann nicht schaden. Sonst leidet die Gartenlust.

Der Garten braucht Wasser

Wie einst der Dichter über die allmähliche Verfertigung der Gedanken beim Reden Nachricht gab, kann der Gärtner über die allmähliche Veränderung seiner Pläne durch den Garten berichten. Während aber Kleists »allmählich« eine Sache von Sekunden, allenfalls Minuten ist, zieht sich das suchende Probieren im Garten über Jahre hin. Ob das, was schließlich dabei herauskommt, der Weisheit letzter Schluß ist? Der Bach, die Fische, das Aquarium?

Ursprünglich sollte der Bach gar kein Wasser führen. Nun läuft er diagonal durch das Rasental. Nein, er läuft nicht, er ist ein stehendes Gewässer, ein in die Länge gezogener Gartenteich. Und doch kein Teich, denn der trüge Seerosen in der Mitte, wenigstens Wasserknöterich oder Froschbiß, aus flachen Uferzonen erwüchse ihm ein Gürtel von Schilf und blühender Sumpfvegetation.

Kein Wasser im Garten! Das war der Imperativ, als vor Jahren der Kelleraushub einem brettebenen Grundstück Profil geben mußte. Wasser zieht Frösche an, Ärger mit Nachbarn wäre unvermeidlich. Und wenn nicht Frösche, dann um so mehr Schnaken. Außerdem bliebe für einen Gartenteich wirklich keine Zeit. Also nur ein Geröllbett, das mit Folie unterlegt werden sollte, damit nicht Unkraut gezupft werden muß zwischen den Steinen. Die Gewißheit, daß sich Regenwasser sammeln werde, führte dann doch zu einer Rinne zwischen den Kieseln, mit einigen Verbreiterungen, wo die Vögel baden und trinken können.

Es kamen nicht nur Amseln und Tauben, Stare, Meisen, Rotkehlchen und Rotschwänze, Elstern und Eichelhäher, Dompfaff, Zaunkönig und Heckenbraunelle, nicht nur Wespen, Bienen und Hummeln. Eines Tages fiel ein Entenpaar vom Himmel. Das Weibchen watschelte hierhin und dorthin, der Erpel untersuchte das seichte Gewässer. Zu gering für die Bedürfnisse zweier Enten! Nach einer halben Stunde hoben die beiden wieder ab. Es kamen aber auch immer mehr Rhododendren und Azaleen in den Garten. Für sie wurde die Gießkanne zwischen die Steine getaucht. Der nächste Regen füllte wieder auf. Während trockener Wochen wurde aus der Leitung nachgeholfen, damit wenigstens mit abgestandenem Wasser gegossen werden konnte. Schließlich stand der Gärtner doch mit dem Schlauch vor den »Cunningham's White«, die noch am wenigsten empfindlich sind gegen unser hartes Leitungswasser.

Das Reservoir müßte um ein Vielfaches größer sein, nicht zwei, sondern zwanzig Kubikmeter fassen! Eine größere Wasserfläche würde den Immergrünen auch ein angenehmeres Kleinklima mit höherer Luftfeuchtigkeit schaffen. Aber sechs Tonnen Kiesel wieder abräumen und die zentnerschweren Trittsteine beiseite wälzen? Zu solch einem Entschluß rafft sich der faule Gärtner ohne Not nicht auf, trotz der ermunternden Beistandsangebote der fleißigen Gärtnerin. Da kam eine Maus zu Hilfe. Sie nagte von unten ein Loch in die zu schwache Folie. Die Untersuchung des Schadens brachte noch andere undichte Stellen ans Licht. Es ist immer falsch, an der Qualität des Materials zu sparen.

Also wurden drei Urlaubswochen reserviert, schwere Teichfolien herangeschleppt, die Steine hinters Haus gekarrt. Spitzhacke und Schaufel gruben sich in den harten Lehm. Die Schubkarre litt schwer. Latten und Wasserwaage sorgten für gleiche Uferhöhe vom Haus bis hinunter zum Bambus. Schwieriger als erwartet das Einlegen und Verschweißen der faltenwerfenden Kunststoffbahnen in die gekrümmte Form mit den jetzt fast senkrechten Ufern. Zum Glück hatten wir die heißesten Wochen des Jahres erwischt. Diffizile Arbeit war nur vormittags und vom späten Nachmittag an möglich, die Mittagspausen im Liegestuhl waren erfreulich lang. Der Bach wurde noch an die Dachrinne angeschlossen. Das Auflegen der Steine war am Ende fast eine Erholung.

Nun konnten die Rhododendren, auch Lorbeerkirschen, Bambus und Tomaten endlich richtig gewässert werden. Nicht mehr mit der Gießkanne. Eine Tauchpumpe schickt das Wasser durch einen dicken Schlauch. Im nächsten Frühjahr fielen die Enten wieder ein

*Ein Gartenteich kann rund sein oder eckig, er kann sich aber auch wie
ein Bach durch den Rasen ziehen. Das Wasser lockt Vögel an und schafft
ein milderes Mikroklima*

und blieben wochenlang. Das Eichhörnchen huscht nicht mehr
übers Geröll, sondern federt mit einem Satz übers Wasser. Die
blaugrüne Jungfernlibelle schwirrt auf und ab. Die Vögel baden
jetzt in der steinernen Tränke unter den Pinien vor der Terrasse.

Im Sommer ergab sich ein neues Problem. Die Myriaden von
Schnakenlarven, die jetzt im großen Wasser wimmelten, jede Woche neue Generationen, wollten wir nicht länger mit Neudomück
bekämpfen. Fische erledigen das billiger. Fische? Über den Gold-
fischteich hatten wir immer gespottet. Doch nur Goldfische sind
robust genug für die Zumutungen eines oft sonnenwarmen, gelegentlich stark getrübten Gewässers. Der Zoohandel hatte aber
keine gewöhnlichen Goldfische mehr vorrätig, also kamen
schwarzgesprenkelte Schleierschwänze und ein roter Löwenkopf
zum Einsatz. Drei andere Fische gab die Nachbarin dazu. Einen
Sommer lang waren es alle Beteiligten zufrieden. Keine Schnaken

mehr. Das Abpumpen störte die Fische nicht, das Nachfüllen mit sauerstoffreichem Leitungswasser tat ihnen gut. Im Herbst flitzte schon der Nachwuchs an den Ufersteinen entlang. Wir sahen es mit gemischten Gefühlen. Wie den Eisvogel, der eines Tages vom Pinienast ins Wasser äugte.

Als die Septembernächte kühl wurden, ließ sich die Frage nicht länger verdrängen: Wie sollten die großen und kleinen Schnakenfresser durch den Winter kommen? Das neue, tiefere Bett ist doch nicht tief genug fürs sichere Überleben unter dem Eis. Ein zusätzliches Bassin findet keinen Platz mehr im Garten. Die Fische anderswo in Pension geben? Unsere Fische?

Unvorstellbares geschah: Neben dem Eßtisch plätschert seit Anfang Oktober ein Aquarium, das Winterquartier für den Scheck, den Glücksfisch und das Männchen samt Kompagnons und Kindern. So hatten wir uns die allmähliche Veränderung von Haus und Garten beim Korrigieren unserer Irrtümer nicht vorgestellt. Unglücklich sind wir trotzdem nicht. Man muß es im Leben nehmen, wie es kommt. Und wenn es ganz anders kommt als gedacht, sagt der chinesische Bauer: Wer weiß, wofür es gut ist!

Birnen sind weiblich

Drunt in der Au steht ein Birnbaum schön blau«, sang einst Georg Blädel im Bayerischen Rundfunk. Bierbaum schön blau wäre auch nicht falsch gewesen. Frau Birnbaum, Herr Bierbaum, Fräulein Pirbaum, Onkel Beerboom – das ist eine Familie, die derselben Wurzel entstammt: Aus dem lateinischen pirum war im Althochdeutschen pira und bira geworden, mittelhochdeutsch bire oder bir. Erst im siebzehnten Jahrhundert lagerte sich das n an, und es konnte Birn auf Dirn gereimt werden. Fontanes Herr von Ribbeck hat dann nicht nur an die Mädchen gedacht: »Und kam in Pantinen ein Junge daher, / So rief er: Junge, wiste 'ne Beer?«

Der Münchner Zungenbrecher aber ging so: »Buberl beim Maderl, Maderl im Betterl, Betterl vom Federl, Federl vom Vogerl, Vogerl im Nesterl, Nesterl im Zweigerl, Zweigerl am Zweig, Zweig am Ast, Ast am Baum, drunt in der Au steht ein Birnbaum schön blau!« Das war in jenen Nachkriegsjahren, als nicht nur in Bayern zur Adventszeit das Hutzelbrot gebacken wurde. Hutzeln, anderswo heißen sie Kletzen, sind getrocknete Holzbirnen. Damals stand die wilde Holzbirne an fast jedem Straßenrand und überall in der Flur, die ja noch nicht bereinigt war. Auf dem Dorf war die Großmutter für das Hutzelbrot zuständig oder ein Hutzelweiblein aus der Nachbarschaft.

Birnen sind weiblich. Äpfel männlich. Wer Äpfel mit Birnen vergleicht, wird sich wundern. Daß die Birnen so viel süßer sind als Äpfel heißt nicht, daß sie viel mehr Kalorien enthalten, sondern: Sie haben nur halb soviel Säure. Äpfel sind gesund, Birnen sind Schlankmacher und ein aromatisches Heilmittel dazu. Reich an basischen Mineralien, wirken sie wohltuend auf die Niere, bei Arthritis, Rheuma, Gicht. Birnen soll auch essen, wer ein schwaches Gedächtnis hat. Entscheidend sei es allerdings, sagt die Ernährungswissenschaft, daß die Birne nicht geschält wird.

In der Schale steckt die Würze. Agnes Amberg empfiehlt, für das Birnensorbet die halbierten Früchte mit Schalen und Kerngehäuse zu köcheln, dann das Gehäuse auszustechen und die Birnen im Mixer zu pürieren. Die braunen Schalenteile sorgen für natürliches Aussehen, vor allem für den Geschmack. Beim Gefrieren in der Sorbetiére dürfen dennoch zwei Eßlöffel Williamine dreingegeben werden. Für den Birnenkuchen müssen die Birnen geschält werden. Der Gärtner hatte schon immer die Gewohnheit, die Schalen während der Arbeit zu schnabulieren. Schlank ist er davon nicht geworden. Die Birnenschnitten legt er auf den Mürbteig, übergießt sie nach dreißig Minuten Backzeit mit einer Eiersahnecreme und schiebt die bedeckten Birnen noch mal für eine gute Viertelstunde in den Ofen. Oder er setzt fächerförmig eingeschnittene Birnenhälften, in Weißwein pochiert, auf eine Mandelcreme, die über den Mürbteig gestrichen wurde. Wenn diese Birnentorte aus dem Ofen kommt, wird die Pochierflüssigkeit stark eingedampft und auf den lauwarmen Kuchen gepinselt. Die Birnen lassen sich vollends verstecken: Auf einen Sacherboden, mit Birnenbrannt getränkt, streiche man die Hälfte einer Schokolade-Sahne-Creme, setze in Weißwein gekochte Birnenviertel darauf und bedecke sie mit dem Rest der Creme. Nicht in den Ofen, in den Kühlschrank stellen. Vor dem Servieren mit steifgeschlagener Sahne überziehen, geraspelte Schokolade darüber.

Das sind so Arbeiten, die sich Gärtner und Gärtnerin schaffen, wenn der Frost das Gelände draußen lahmgelegt hat und die Zeit für den Winterschnitt der Obstgehölze noch nicht gekommen ist. Das ungestüme Höhenwachstum des Birnbaums verlangt eine scharfe Schere in kundiger Hand, denn nicht alle Äste lassen sich herunterbinden. Ganz einfach ist die Birne in Rotwein, wir sind noch in der Küche, etwas aufwendiger die Birne Helène. Die frische Birne auf dem Käseteller neben dem Roquefort ist seit Ludwig dem Vierzehnten ein königliches Dessert. Mit der Birne ist es wie mit dem Käse und dem Wein, sie darf nicht zu kalt sein. Sonst erschließt sich ihr Aroma nicht. Und sie soll, wie der Käse und der Wein, reif

Wär' sie nicht so klein, könnt' es die Alexander Lucas sein. Plinius der Ältere beschrieb drei Dutzend Birnen. Heute müßte ein vollständiges Birnenbuch einige tausend Namen aufzählen

sein. Die Birnen vom Markt, fast alle aus Frankreich und Italien, müssen meist noch ein paar Tage liegen, bis sie eßreif werden. Ob sie dann auch gehaltvoll sind, aromatisch und heilsam? Wegen des langen Transports werden sie oft zu früh geerntet. Bodenseebirnen können länger am Baum bleiben. Es muß einer nicht nationalistische Gründe haben, wenn er zuerst nach deutschen Birnen fragt. Eine Gute Luise, ausgereift, ist einer zu früh gepflückten Gräfin von Paris immer vorzuziehen. Diese Gräfin, in den eigenen Garten gesetzt, ist ein anspruchsvolles Geschöpf. Nur im Weinklima, windgeschützt, gibt sie sich schmelzend süß; wo es ihr nicht behagt, bleibt sie fad und rübig, wie die Obstgärtner sagen. »Birnen lieben die Wärme«, schreibt der Frankfurter Gärtnermeister Franz Mühl in einer wohlfeilen Broschur »Erfolgstips für den Obstgarten« (Falken-Verlag). Und jede Frucht will Sonne. Deshalb hat die Birne ihren besten Platz als Spalierbaum an der Südwand. Der große

»Obstsortenatlas« von Götz/Silbereisen (Ulmer-Verlag) präsentiert mit aller Wissenschaft versehene, aber mundwässernde Porträts von fünfundzwanzig Sorten, vom Stuttgarter Geißhirtle bis zur Oberösterreichischen Weinbirne, von den Sommersorten wie Clapps Liebling und Williams bis zu den Herbst- und Winterbirnen, die Vereinsdechant heißen, Conference, Alexander Lucas oder Herzogin Elsa.

Der Glückliche, der einen Birnbaum pflanzt, muß sich zuvor nicht nur über Ansprüche und Charakter der Früchte kundig gemacht haben, er sollte auch wissen, ob sein Hochstamm auf einem Birnensämling veredelt wurde, der tief wurzelt, später also kaum Bewässerung braucht, oder ob sein Spindelbusch auf einer flachwurzelnden Quittenunterlage steht und dann in heißen Sommern gegossen werden will. Auf zu trockenem Grund, zum Beispiel im Regenschatten der Hauswand, bleibt die Frucht körnig. Erst das saftig schmelzende Fleisch macht uns die Birne lustig.

Ein Jammer, daß sich an das Gärtchen kein Obstgelände anschließt, das sich zum Harem ausbauen ließe für die feinsten der breithüftigen Saftspenderinnen, denen wir gern Spaliere zögen und Mauern bauten als Windschutz und Sonnenfang. Kein Platz in der Au für den Birnbaum schön blau! Es bleibt ein Trost: In ihrer schönsten Form ist die Birne flüssig.

Die Entdeckung
des Alpenveilchens

Auf der Höhe über Vouvray duckt sich ein Weingut unter den Wasserturm; nicht irgendeines, sondern die Domaine Huet. Der Besuch hat die übliche Überschreitung des Reisebudgets zur Folge. Der Vouvray sec ist frisch und kernig, das war bekannt, deshalb der Umweg. Der demi sec ist nicht weniger unwiderstehlich. Aber die Moulleux, die fruchtig molligen Spätlesen, die Gaston Huet zum Schluß in die Gläser füllt, machen süchtig. Gesegnete Loire, die auch solche Gaumenüberwältiger hervorbringt! Die schönste Überraschung blüht jedoch nicht im Weinberg, nicht im Keller, sondern mitten im Hof unter den beiden alten Kastanien. Es sieht aus, als sei der Frühling schon im Herbst aus dem Boden gebrochen. Eine Krokuswiese? Von fern mag es so scheinen. Viele hundert winzige Alpenveilchen bilden einen rosa Spiegel im lichten Schatten der hohen Bäume. Es ist das im September und Oktober und bis zum ersten Frost blühende Cyclamen hederifolium, das Efeublättrige Alpenveilchen; in der älteren Literatur und bei den älteren Gärtnern heißt es noch neapolitanum.

Zwei Tage später sehen wir die kleine wilde Herbstblume in einer Gärtnerei bei Apremont, für dreiundzwanzig Francs die blühende Pflanze. Die Töpfchen finden noch Platz zwischen den Weinkartons im Kofferraum. Zu Hause zeigen die Kataloge der Staudengärtnereien nicht nur die Urform mit dem flammenden Basalfleck an jedem der Blütenöhrchen, sondern auch das ganz und gar weiße Cyclamen hederifolium Album. Wie muß eine Baumscheibe erst wirken, wenn das weich durchleuchtete Rosa von reinweißen Gruppen durchsetzt ist!

Zuvor waren wir diesem Herbstveilchen noch im Arboretum de Balaine begegnet, zwischen Nevers und Moulins, wieder auf fast nacktem, trockenem Boden, Blüte an Blüte, kein Grün dazwischen, denn die Blätter kommen erst später. Die sind dann herzförmig

Unter den Wildalpenveilchen ist das Efeublättrige das beste für den Garten: Die dekorativen Blätter überdauern den Winter

oder fast rund oder oval oder lanzettlich, aber immer irgendwie gezackt und gezähnt, ihre Grundfarbe spielt von Dunkelgrün bis Hellgrau mit silbrigen Lineaturen und Marmorierungen. Über den Winter begrünt das dekorative Laub den Boden bis in den Mai, bis sich die Pflanzen zur Sommerruhe zurückziehen. Ruhe heißt Trokkenheit. Jedenfalls keine Nässe. Bäume oder Sträucher sorgen für wandernden Schatten und spielen Regenschirm. Je weniger Regen, desto größer der Segen.

Ein deutscher Gärtnerfreund warnt: Das grazile Pflänzchen sei gewiß nicht leicht zu pflegen oder gar zu massenhafter Vermehrung anzuregen. Zwar sorgen die Ameisen für die Verbreitung des Samens, aber die flachen Wurzelknollen, die einst als Schweinefutter gesucht waren wie Eicheln und Bucheckern (im sechzehnten Jahrhundert hieß das hederifolium bei den französischen Bauern »pain de porceau«, bei den Engländern »sowbread«, in Deutschland »Groß Schweinsbrodt«), sie haben nicht nur Mäuse zum Feind,

96

nicht nur den Dickmaulrüßler und seine Larven, die Pflanzen werden auch von Milben, Läusen, Amseln, Grünfinken, vom Grauschimmel, von der Wurzelbräune und der Zyklamenwelke bedroht. Trotzdem sind wir guten Muts. Die Bücher verkünden, das efeublättrige sei das Wildalpenveilchen mit den geringsten Ansprüchen, das beste für den Garten, »viel robuster, als gemeinhin angenommen wird«, zudem in unseren Breiten winterhart. Auch in England zählt die verehrte Sackville-West die kleinen Alpenveilchen zu den unverwüstlichen Gartenpflanzen: »Ihren Knollen ist meist ein längeres Leben beschieden als ihrem Besitzer.« Der Boden muß nur durchlässig und darf nicht sauer sein, sollte also, wo nötig, mit Kalk versorgt werden. Seine Heimat hat das efeublättrige Alpenveilchen von Frankreich bis in die Türkei überall dort, wo sich Kalkgebirge wölben.

Vielleicht hatte der besorgte Freund das ganz aufs Mittelmeerische beschränkte Cyclamen graecum im Sinne, das auch im Herbst blüht, vor allem in der Ägäis und auf Zypern, das bei uns nur im Weinklima an der Trockenmauer eine Chance hat. Ebenfalls von den Rändern des östlichen Mittelmeers stammt das Zimmeralpenveilchen, das aus der Art Cyclamen persicum entwickelt wurde; persicum hat aber nichts mit Persien zu tun, wo diese Pflanze nie heimisch war, sondern nimmt Bezug auf das spätlateinische persica, Pfirsich, wegen der Pfirsichröte in den Blüten.

Und woher der Familienname? Cyclamen ist von kyklos abgeleitet, griechisch Scheibe, weil die korkigen Knollen, aus denen die zarten Stengel aufsteigen, oft flach wie Scheiben sind, besonders beim hederifolium, dessen tellerförmige Knolle nur an der Oberseite Wurzeln treibt. Deshalb muß sie tief genug gepflanzt werden, zehn Zentimeter etwa, und darüber den nährenden Humus haben. Seinen deutschen Namen verdankt das Alpenveilchen dem Cyclamen europaeum (Kleines Schweinsbrodt), das jetzt purpurascens heißt: Es blüht und duftet während des Sommers in den Kalkalpen und bis zu den Karpaten hinüber. Die Knolle, unten bewurzelt, will nur einen Zentimeter mit Erde bedeckt sein.

Das Lexikon der »Freiland-Schmuckstauden« im Ulmer-Verlag beschreibt noch ein gutes Dutzend anderer Arten, die jedoch in unserem Klima fast alle ein Glashaus brauchen. Nicht minder zuverlässig für die Gartenpraxis informiert ein zweites Ulmer-Buch: »Zwiebel- und Knollengewächse«. Reinhilde Frank ermutigt ihre Leser auch zu Versuchen mit Cyclamen coum, das in kaukasischen Bergwäldern, im Libanon und in Syrien zu Hause ist. In europäischen Gärten blüht es im Spätwinter. »Oft schauen die kleinen Blüten schon aus der schmelzenden Schneedecke hervor. An geschützten Plätzen entfaltet die Pflanze ihre Schönheit schon um die Weihnachtszeit.«

Die Schönheit der Zimmeralpenveilchen mag nicht jeder würdigen. Manchem gelten diese großblumigen Züchtungen als Ausbund von Kitsch und Biedermeierei. Mindestens zwanzig Millionen Topfalpenveilchen gehen jedes Jahr über die Tische der Blumenläden. Die Beschenkten werden mit ihnen jedoch selten für mehr als ein paar Wochen glücklich. Wer hat je sein Alpenveilchen im nächsten Winter zu neuer Blüte gebracht? Von Reinhilde Frank ist zu erfahren, wie einfach es wäre. Verachtet mir das Alpenveilchen nicht! Denn seine kleinen wilden Schwestern sind wahrhaft liebenswert. Und die Bedingungen, die sie stellen, sagen auch dem Gärtner zu, wenn er den Liegestuhl aufstellt: Warme Lage, halbes Licht. Ein Weinberg in der Nähe.

Anemonen für das Eichhorn

Nach Straßburg fährt der Gärtner zu allen Jahreszeiten gern. Sucht er abseits der überfüllten Autobahn eine direkte Route, weil er die Gärtnerin mittags ins Buerehiesel oder ins Crocodile führen will, nimmt er den Weg durch das nördliche Elsaß. Vor der Grenze bei Lauterburg leuchtet es aus dem Laubwald, als sei frischer Schnee zwischen die Bäume gefallen. Das sind die Buschwindröschen. In einen Holzweg einbiegen, aussteigen, staunen. Niederknien möchte man! Der Boden ist aber zu naß für eine Blumenandacht. Und solche Kenner sind wir nicht, daß wir die feinen Abweichungen sähen, die diese wilden Anemonen von ihren Schwestern in den hessischen oder niedersächsischen Wäldern unterscheiden. Es gibt aber Anemonensammler wie Lothar Denkewitz, die graben da und dort Pflanzen aus, vergleichen und bewundern dann im Garten die Vielfalt der Erscheinung.

Warum ist der Anemonenteppich bei Lauterburg besonders dicht? Der Wald ist so unaufgeräumt, der Boden so bedeckt von herabgefallenen Ästen zwischen umgestürzten Stämmen, daß die zarten Rhizome im Laubhumus nicht nur vor Wanderschuhen sicher sind, auch vor den Hufen der Rehe. Das darf man sich für den Garten merken: Anemonen wollen ungestört bleiben, im Frühling in frischer Feuchte stehen, zugleich aber die Sonne sehen. Im Sommer, wenn die Pflanze ruht, mag es schattig werden. Und dann soll es lieber zu trocken sein als zu naß. Die Fähigkeit der Anemone nemorosa, so heißt das Buschwindröschen, sich auch in voller Sonne zu behaupten, begeisterte einst Karl Foerster: Man soll sie doch im Garten nicht immer nur halbschattig pflanzen! Trotzdem ist es kein Fehler, wenn sich der Anfänger zuerst die Lebensbedingungen an den natürlichen Plätzen zum Vorbild nimmt, auch wenn er die Züchtungen, die großblumigen Sorten pflanzt, die weiß sind wie die »Frühlingsfee« und die gefüllte »Alba plena« oder lavendelblau wie »Robinsoniana«, dunkelblau wie »Royal Blue«. Solche

Gartenformen sind in England und Holland schon seit dem sechzehnten Jahrhundert in Kultur.

Azurblau oder scharlachrot, rosa, violett oder am liebsten weiß blüht auch die Anemone blanda, die griechische Berganemone, die erst in diesem Jahrhundert in europäischen Gärten Beachtung fand. Blanda heißt: reizend. Ihre schmalblättrigen Blütensterne ähneln der Margerite, sitzen allerdings nur eine Handbreit über dem Boden dicht über dem geschlitzten Laub, das unübersehbar zeigt: Anemonen sind Hahnenfußgewächse. Einige hundert dieser Reizenden Anemonen haben wir auf den Baumscheiben unter den Metasequoien, aber auch wer weiß wo im Garten. Fast ohne eigenes Zutun. Die Freundin Marianne brachte in einem heißen August eine Tüte voll brauner Knollen. Weil nirgends sonst sich ein Platz anbot, wurden sie unter den Bäumen verteilt, und weil es so trocken war, der Boden knochenhart, weniger eingegraben als hingelegt und mit Komposterde bedeckt. Eigentlich bloß aus Pflichtgefühl, nicht in Erwartung, daß daraus was wird. Aber im April stand Blüte an Blüte. Aus der Ferne, vom Haus her, zwei weiße Seen. Aus der Nähe ein hundertfaches Lächeln. Die Anemonen lachten jedoch nicht nur dort, wo sie gesetzt worden waren. Auch zwischen den Rhododendren, unterm Bambus, am Zaun und zwischen den Steinen am Bach strahlten sie. Wie das? Im Herbst hatte das Eichhörnchen unter den Bäumen die Nüsse aus der Nachbarschaft vergraben. Und offenbar buddelte es dabei einige Dutzend Blanda-Knollen aus und grub sie anderswo wieder ein. Das Tier hat uns eine Lehre erteilt, die wir keinem Gartenratgeber abgenommen hätten: Das Blühen am vorgesehenen Ort ist schön und eindrucksvoll, überzeugend wirkt es an den Zufallsplätzen. »White splendour« heißt die Sorte, die im April drei Wochen lang blüht.

Buschwindröschen und Anemone blanda, das sind schon zwei von siebzig Arten. Bevor wir uns über die anderen kundig machen, müssen wir Friedolin Wagner in seinem Frühlingsgärtchen besu-

---

Seite 100/101: Vorbild für den Garten! Anemonen sind gesellig chen, das er auch mit diesen beiden populären Anemonen schmückt, freilich mit blauen Sorten, weil er ein ernsthafter Liebhaber ist, der sich seinen Regenbogen mit größtem Bedacht zusammensetzt. »Mein Frühlingsgärtchen« ist ein Kapitel seines neuen Buches »Gestalten mit Pflanzen« (im Ulmer-Verlag). Der Untertitel lautet: Versuch einer Ästhetik des Gartens. Aber keine Angst! Die Ästhetik ergibt sich wie von selbst. Es ist, trotz aller Wissenschaft, kein Fachbuch und kein Sachbuch, trotz der vielen lebensvollen Bilder von Marion Nickig kein Bildband, sondern so etwas wie eine gemeinsame Gartenbegehung, die auch dem schüchternen Anfänger die Befangenheit nimmt, ja ihm ausdrücklich Mut macht, die Ratschläge der Fachleute, kaum befolgt, wieder in den Wind zu schlagen.

Im Griechischen heißt der Wind anemos. Von ihm soll die Anemone den Namen haben, den Theophrast vierhundert Jahre vor Christus zum erstenmal benutzt hat. Was ihm damals zwischen anemos und Anemone aufgefallen ist, errät heute wohl keiner mehr. Gewiß ist, daß die zarten und doch anspruchslosen Anemonen unsere Frühlingsgärten bereichern, wenn sie nur in Gruppen oder ganzen Kolonien erscheinen dürfen – auch die gelben Windröschen (ranunculoides), auch die knallroten unter den vielfarbigen Kronenanemonen (coronaria), deren breite Blütenkelche auf höherem Stengel Anfang Mai fast wie Islandmohn wirken. Wer sich einen Überblick verschaffen will über das, was es sonst noch gibt, wird Reinhilde Franks »Zwiebel- und Knollengewächse« zu Rate ziehen oder das andere Ulmer-Handbuch der »Freiland-Schmuckstauden«. Oder er muß sich ins Auto setzen und nicht Straßburg ansteuern, nicht Marlenheim und Fegersheim, sondern eine der großen Staudengärtnereien.

Jedenfalls werden wir im Spätsommer nicht einfach die Prachtmischung kaufen, die im Gartencenter angeboten wird; hartnäckig werden wir die Sorte und Farbe bestellen, nach der unsere Ästhetik verlangt. Denn das haben wir von Friedolin Wagner gelernt: Der Garten soll mit uns in Einklang sein. Oder wir mit dem Garten?

Der Taubenbaum winkt
mit weißen Tüchern

Heiraten oder einen Baum pflanzen, es ist fast das gleiche. Ein Akt der Zuversicht: Ich glaube, ich habe den Richtigen gefunden. War es Liebe auf den ersten Blick, muß man hoffen, daß die Wahl mit Glück getroffen wurde: Werde ich denn mit diesem Gewächs in zwanzig Jahren noch in Eintracht leben können? Das ist die Frage, die sich Schnellentschlossene nicht stellen. Bäume wachsen sich aber oft zu Tyrannen aus: Alles muß sich unterordnen. Nicht nur dem Rasen und den Rosen nehmen sie das Licht. Darum muß man ihnen gleich den rechten Platz zuweisen. Nicht vorm Fenster. Nicht über dem Staudenbeet. Sträucher lassen sich nach vielen Jahren noch umsetzen, einen Baum, der eingewachsen ist, verpflanzt man nicht mehr. Bis erkennbar wird, wie breit er sich macht, ist es eh zu spät.

Der Gärtner kann sich jedoch, anders als der Ehepartner, ungestraft befreien. Sieht er endlich, daß der heimische Feld- und Waldbaum, den er sich irrtümlich in den Garten geholt hat, fehl am Platz ist, wird er die Säge ansetzen. Das ist freilich nichts anderes als Scheidung durch Mord. Und hat der Stamm einen gewissen Umfang überschritten, hätten Behörden genehmigen müssen; es droht doch noch Strafe. Liest der Unhold allerdings rechtzeitig, was Claus Schulz in seinem neuen Buch »Bäume und Menschen« (Werner-Verlag, Düsseldorf) über den Baum im Garten schreibt, läßt er nicht nur Axt und Säge, sondern schon die Astschere sinken.

Er wird sich, wenn das Gärtchen nicht gar zu klein ist, lieber Nebenfrauen leisten und bei Gelegenheit noch mal eine Junge nehmen, eine besonders Schöne aus China, deren auffällige Art, sich zu schmücken, ihm bis gestern noch suspekt gewesen war: Die mit ihren tausend Tüchern winkende Davidia, hatte er gedacht, kommt für mich nie in Frage, sosehr sich der badische Freund auch immer bemühte, ihn zu verkuppeln. Nun, nach einer größeren Kulissenschieberei und Bühnenerweiterung, steht sie doch über dem neuen Rhododendronbeet, kindlich noch, wenn auch schon drei Meter hoch: In fünf oder zehn Jahren wird sie zum erstenmal blühen. Wieder ist Zuversicht im Spiel: Das werde ich noch erleben.

Die Davidia ist schon im Jungmädchenalter sehenswert: Schmalhüftig, dennoch stämmig, sparsam verzweigt, jedoch sehr regelmäßig gebaut, die kräftigen Äste rings um den Stamm zum Himmel gestreckt, lindenähnlich die Blätter. Aber aufgepaßt, wenn nach Katalog bestellt wird, bei den billigeren Pflanzen handelt es sich um Heister, um Büsche. Zum Hochstamm erzogen, kostet das Bäumchen einige hundert Mark. Nicht nur die Rarität will bezahlt sein, auch das langsame Wachstum. Viel mehr als zwanzig Zentimeter im Jahr legt die zierliche Chinesin nicht zu; in die Breite geht sie erst im Alter.

Doch welche Sensation, wenn sie schließlich erwachsen ist: Plötzlich, im Mai, sitzt weißes Geflügel im Baum. Sitzt? An langen Stielen hängen kleine Bälle, die aus sehr vielen männlichen Blüten und einer einzigen weiblichen bestehen. Das ist es aber nicht, was uns staunen macht, sondern die beiden ungleich großen cremeweißen Hüllblätter, die sich schützend darüberwölben. Ist die Davidia wirklich ein Taubenbaum? Bei sehr schrägem Morgenlicht und einer gewissen Unausgeschlafenheit mag man Tauben sehen. Sind es nicht seidene Taschentücher, die im Baum hängen? Ganz falsch ist der andere Name Taschentuchbaum jedenfalls nicht.

Ob Tauben oder Taschentücher, diese Brakteen, diese weißen Hochblätter, sind unter all den Lockmitteln und Schauapparaten im Blütenwesen etwas sehr Besonderes. Man stelle sich vor, welche Gefühle sich des französischen Paters Armand David bemächtigt haben, als er 1869 den bis dahin im Abendland unbekannten Baum während einer botanischen Exkursion in der Provinz Yünnan entdeckte. Seine begeisterte Beschreibung und das Herbarmaterial, das jedoch keinen keimfähigen Samen enthielt, wurden später in Paris ausgewertet. Erst vor der Jahrhundertwende gelangte Samen aus Szetschuan nach Frankreich. Das erste Bäumchen soll dann

Aus der Nähe besehen, ist die Davidia ein Taschentuchbaum

schon 1906 im Arboretum des Herrn Maurice Leveque de Vilmorin in Les Barres an der Loire geblüht haben. Fast zur gleichen Zeit hatte die englische Gärtnerei Veitch den Pflanzenjäger Ernest Wilson beauftragt, in China nach dem Baum Davids zu suchen. Auch Wilson wurde, behindert durch den Boxeraufstand, nach allerlei Umwegen in Szetschuan fündig. Als er zurückkehrte, hatten die Franzosen ihr Bäumchen schon gezogen.

Die Davidia ist nicht ganz anspruchslos, wächst aber auch auf Sand und im Lehm, wenn der Boden halbwegs fruchtbar ist und mit Lauberde oder Torf verbessert wurde. Sie liebt es feucht. Falls sie nicht im Halbschatten steht, sondern in der Sonne, muß nicht nur in Trockenzeiten gewässert werden. Gegen starken Frost kann ein junger Baum empfindlich sein, nach einigen Jahren ist die Davidia winterfest. Aber allzuviel Wind behagt ihr nicht. Man wird ihr einen geschützten Platz suchen, an dem sie sich entfalten und zur Schau stellen kann. Wenn sie blüht, muß man von weither sehen können, wie sie durch den Garten leuchtet.

In England scheint es die als die eigentliche Art angesehene Davidia involucrata in Parks und auch in Baumschulen zu geben, jene, die der Pater David beschrieben hatte. Sie soll an den Blattunterseiten samtartig behaart sein. Wir besitzen und vermehren auf dem Kontinent wahrscheinlich nur die beiden Unterarten: Davidia involucrata »vilmoriniana« ist kaum behaart, ganz glatt sind die Blätter der anderen Varietät »laeta«.

Wir besitzen? Da kann Claus Schulz nur lächeln. Der Holzfachmann und passionierte Gartenamateur sieht das Verhältnis von Bäumen und Menschen aus vielen Blickwinkeln, immer steht der Baum im Zentrum. Ob der Mensch nur nutzt oder auch verehrt, der Baum bleibt der Souverän. Es gibt andere Bücher zum Thema, die nachdenklich machen, aber keines, das uns mit so vielen Fakten und starken Bildern konfrontiert. Wer lesend und schauend durch das Schulzsche Universum gewandert ist, sieht von Stund an jedwedes Bäumchen mit anderen Augen.

Und ist mit seiner Davidia um so glücklicher. In Lugano haben wir Ende April recht stattliche Exemplare gesehen. Nördlich der Alpen kommen die Davidien selten über zwölf Meter hinaus, viele bleiben bei acht Metern stehen. Das ist gut für unsere kleinen Gärten. Damit wir nicht in Bedrängnis geraten unter einer übermächtigen Krone.

Schlüsselblume
und Himmelsschlüssel

Veränderung ist angenehm und der menschlichen Natur notwendig, wenn sie auch zum Schlimmeren führt.« Zum Glück gilt so ein Satz überall, nur nicht im Garten. Dort ist die Veränderung unangenehm, mit Kreuzweh und Muskelschmerz verbunden, doch sie wird dem Menschen von der Natur diktiert und führt zum Besseren. Ende Februar sowieso. Ende Februar steigen die Säfte. Ende Februar wächst die Ungeduld.

Die Obstbäume sind geschnitten, die Haselbüsche gerodet, das Holz ist kleingemacht. Dafür war der milde Januar gut. Die Pflanzgruben für den Bambus und die Rhododendren sind ausgehoben. Der Kompost hat eine neue, dauerhafte Umfassung. Was nun?

Jetzt darf es endlich mal ordentlich schneien, damit wir die Langlaufski nicht vergebens gekauft haben. Aber dann soll der halbherzige Winter ein Ende haben. Dann muß Frühling sein. Mit Amselgesang, mit Düften, vor allem mit Farben. Nicht mehr die blassen, windigen Schneeglöckchen. Nicht nur das kleine Violett der Veilchen. Nicht bloß das fette Gelb der Winterlinge, sondern die feineren Töne der Schlüsselblumen. Und schließlich die überwältigende Buntheit ihrer kurzbeinigen Schwestern, der Primeln und Aurikeln. Nein, es kommt natürlich andersherum: Zuerst sind die dicken Primeln da, Wochen später öffnet der Himmelsschlüssel dem Mai die Tür.

Aber Vorsicht. Primeln sind sie alle. Auch die himmlische Schlüsselblume ist eine Primel. Der Laie sieht es an den runzligen Blättern, dem Botaniker sagt es der Name: Primula veris, die Echte Schlüsselblume. Sie steht selten im Garten, eher an Waldrändern, manchmal färbt sie ganze Wiesen dottergelb, im Hintertaunus oder in den welligen Landschaften Burgunds. Wenn es nicht die Primula eliator ist, die hellere, die Hohe Schlüsselblume, die besonders dort sehr aufrecht blüht, wo in der Nähe ein Wasser rinnt.

Die Primeln, die schon seit Weihnachten an den Eingängen der Supermärkte zu Hunderten in kleinen Töpfen frieren, die vielleicht nach dem verfrühten Blühen in den Garten gesetzt werden, falls sie in der trockenen Zimmerluft nicht eingegangen sind, sie heißen Primula vulgaris. Es sind die Kissenprimeln, die schaftlosen Schlüsselblumen, die ihre runden Gesichter nur mit Mühe übers Blattwerk heben, so viele nebeneinander, daß sie oft ein geschlossenes Blütenkissen bilden.

Der hochstielige Himmelsschlüssel am Bach oder auf der Bergwiese sieht dagegen wirklich wie ein alter Schlüssel aus, mit langem Schaft und dem nach einer Seite gewendeten Bart. Bart ist freilich ein unangemessenes Wort für das lockere Bündel von zarten Blütenkelchen, die so milchig duften. Milchig – das ist die Charakterisierung der Engländerin Lesley Bremness in ihrem »Großen Buch der Kräuter« (AT Verlag, Aarau und Stuttgart). Milchig? Ja, wie duftet die Schlüsselblume? Für die Farben und ihre Schattierungen haben die Gärtner allerhand Namen. Wenn es um Gerüche geht, verstummen die Blumenkataloge, sie werden zumindest sehr einsilbig. Gärtner haben Hände zum Pflanzen, Pflegen und Pflücken, sie haben kritische Augen, aber eine Nase haben sie noch nicht, die haben sie allenfalls für den Wein im Glas, wenn der seine Blume entfaltet. Immerhin macht Fritz Köhlein in seinem Vierhundert-Seiten-Werk über die »Primeln« Andeutungen wie diese: »Primula vulgaris ssp. balearica findet sich in den Bergen von Mallorca und hat weiße, stark duftende Blüten.« Beim heimischen Himmelsschlüssel: »Die wohlriechende Blütenkrone, nur selten ohne Geruch, ist dottergelb, am Schlund mit fünf orangefarbenen Flekken...« An der Primula reidii aus dem Himalaja wird der »wundervolle Duft« gerühmt. Es geht in Köhleins Monographie (Ulmer Verlag, Stuttgart) nur ganz am Rande um das flüchtige und offenbar so genau nicht sagbare Glück der Nase; wichtig sind Habitus, Standort, Kultur, Nomenklaturen. Wie das Samentütchen, das so viel saftiges Leben enthält, speichert das Buch die ganze Primel-Botanik, dreihundert Arten oder mehr, von den Sorten der Züchter nicht zu reden – ein Geflecht von Wissenschaft und Gartenpraxis als Ergebnis lebenslanger Primel-Passion.

Eine andere Sinneserfahrung hat der Fachmann ganz ausgelassen, jedenfalls nicht beschrieben. Wie schmeckt die Schlüsselblume? In England ist sie süß. Dort werden Schlüsselblumen kandiert und auf den Kuchen gestreut. In Deutschland dienen die Wurzeln der Schlüsselblume zu einem Hustentee, besonders empfohlen bei chronischer Altersbronchitis. Die Engländerinnen kennen diesen Tee auch, aber sie nehmen ihn einfach zur Entspannung, zur Not gegen nervösen Kopfschmerz. Vor allem mischen sie die Schlüsselblumenblüten ins Potpourri ihrer Duft-Töpfe. So unterscheiden sich die Nationen.

Aber wie unterscheiden sich die dottergelbe Apothekerprimel (veris), die schwefelgelbe Waldprimel (eliator) und die farbenfrohe Kissenprimel (vulgaris) von den Teppichprimeln, Kugelprimeln, Etagenprimeln, Mehlprimeln, Leimprimeln und samtäugigen Aurikeln? Ach, wer das wüßte, müßte auch vierhundert Seiten schreiben. Darum sei auf Fritz Köhlein verwiesen. Und auf die Kataloge der Staudengärtnereien. Und die Bücher über die Gebirgsflora. Denn die wilden Großeltern der meisten Gartenprimeln sind Bergblumen. Deswegen ist nicht jede geschenkte oder gekaufte Topfpflanze im feuchten Halbschatten unter Gehölzen oder Mauern richtig untergebracht, manche sitzen viel lieber sonnig und vergleichsweise trocken im Steingarten.

Suchen wir nach einem gemeinsamen Nenner jenseits der botanischen Wissenschaft und gärtnerischen Praxis, so ist es das Biedermeierliche, das dieser bunten und dank der angloamerikanischen Züchter oft unsäglich bunten Lieblichkeit anhaftet. Im Blumenkatalog der englischen Firma Thompson & Morgan wirken die Seiten mit den Primeln wie die verkleinerte Wiedergabe einer Kollektion von Ballkleidern für die ältere Generation. Doch die Urformen mit den sanften Creme-Tönen, deren Farbspiel selten mehr als zwei Elemente vereint, sie sind die reinen Andachtsbilder. Karl Foerster, der Hohe-Priester aller Gartenandacht, beklagte im-

Die dottergelbe Schlüsselblume heißt auch Apothekerprimel, weil ihre Wurzeln für einen Hustentee gut sind. In England jedoch werden die Blüten kandiert und auf den Kuchen gestreut

mer wieder, daß er in diesem Jahrhundert in einem Wellental der Primelbegeisterung lebe. Und sah er über den Zaun, übermannte ihn beinah der Zorn: »Die meisten Gärten sind Dokumente der Andachtslosigkeit, mit der das Leben gelebt wird.« Wollen wir's ändern?

Die Akelei kommt aus dem Wald

Schön erhebt sich der Aglei, und senkt das Köpfchen herunter. / Ist es Gefühl? oder ists Mutwill? Ihr ratet es nicht.« Behauptet Goethe. Es gab aber und gibt immer Leute, die zu wissen glauben, was die Welt bewegt – und die Akelei. Im Mittelalter und bis über die Dürerzeit hinaus galt sie als Gottesanbeterin, als Sinnbild der Frömmigkeit und heilige Pflanze. Die Brüder Limburg malten sie in die Stundenbücher des Duc de Berry. Sie schmückte und verdeutlichte rheinische, fränkische, italienische Marienbilder und versorgte Märtyrertafeln wie Stephan Lochners »St. Gereon mit seinen Streitern« auf dem rechten Flügel des Kölner Dombilds. Denn sie war damals als Heil- und Wundkraut in ärztlichem Gebrauch, trotz einer gewissen Giftigkeit. Die Akelei enthält in allen Teilen Blausäure.

Ihre ungewöhnliche Erscheinung mit den gekrümmten Spornen hinter oder über den gespreizten und gefälteten Blütenglocken läßt sich auf dem Portinari-Altar von Hugo van der Goes besser studieren als auf vielen Fotos. Ganz vornehin, noch vor das liegende Ährenbündel, hat der Maler bei der Stallszene von Bethlehem eine Vase mit Lilien gestellt und daneben ein venezianisches Glas mit dem kräftig verzweigten Stengel einer Akelei, deren sieben tiefblaue Blüten in Andacht sich neigen. Man muß aber nicht nach Florenz fahren, sich nicht durch die Uffizien quälen, es gibt Postkarten, die den Vordergrund im Ausschnitt zeigen: die beiden lapislazuliblauen Engel, die mit gefalteten Händen und faltenreichen Gewändern neben Lilien und Akelei knien.

Nicht alle Akeleien senken fromm das Köpfchen, manche wenden es neugierig zur Seite oder heben es ungeniert gen Himmel. Doch van der Goes und Goethe hatten für das Altarbild wie fürs Frühlingsgedicht die Waldakelei vor Augen, Aquilegia vulgaris. Sie neigt die dunkelblauen oder dunkelvioletten Blüten wie kaum eine andere der hundertzwanzig Arten aus Ost und West. Diese Gemeine

Akelei, die so elegant und mutwillig wirkt und zugleich so schwermütig, wurde früh zur Gartenpflanze erhoben, erst von Mönchen und dann von den Bäuerinnen. Heute bietet der Samenhandel Züchtungen, die in noch schwermütigeren Farben von Braunrot über dunkles Purpur und Braunschwarz den Kopf hängen lassen. Am anderen Ende spielt die Farbpalette über verwaschenes Rosa zu reinem Weiß: Sehr unschuldig und sehr aufrecht blüht Aquilegia vulgaris Nivea, die vor einer dunklen Hecke noch heller leuchten kann. Gertrud Jekyll, die englische Waldgärtnerin, hat dieses Schneewittchen besonders geliebt; jetzt schläft es hinter den sieben Bergen, weil es mit seinen kurzen Spornen dem Schönheitsideal nicht mehr so recht entspricht.

Im Wald ist die Akelei selten geworden. Daß sie unter Naturschutz gestellt wurde, hat ihr nicht geholfen. Wenn eine Blumenpflückerin vorbeikommt, ist es um sie allemal geschehen, und um die Kinder und Enkel auch. Denn die Akelei hätte sich mit den Samen vermehrt, die sie nun nicht mehr bilden kann, da sie alle Blüten auf einem Stengel trägt. So lebt die Waldbewohnerin fast nur noch in den Gärten fort, nicht nur in der graziösen Urform, sondern oft gescheckt und gefüllt. Sie gleicht dann einer Dame reiferen Alters, die sich zum Opernball gerüstet hat.

Es gibt enorme Schönheiten unter den Akeleien. Und nicht alle sind so schwierig zu kultivieren wie die Alpenakelei, die in den Hochlagen der Schweiz wächst und noch ein bißchen nach Vorarlberg hinein. Wer ihr in zweitausend Metern Höhe begegnet, vergißt es nicht: Das Azurblau ihrer großen Blüten glüht im Licht der Höhe noch tiefer. Bei den im Fachhandel als Aquilegia alpina angebotenen Sorten für den Steingarten soll es sich aber meist um Züchtungen handeln, die von der vulgaris stammen. Steingärtner schwärmen von niedrigen Arten aus den südlichen Kalkalpen und von der kaum eine Handspanne hohen Fächerblättrigen Akelei (flabellata)

Seite 114/115: Die Akelei blüht blau. Die Züchter haben ihr auch rosa Hemden angezogen, mit reichlich Rüschen, für den, der's mag

aus dem fernen Osten, sie tauschen untereinander Samen der kaukasischen, griechischen und spanischen Bergakeleien, die kaum je eine Gärtnerei anbietet. Oder gar Samen aus Kaschmir und Nepal. Die hochbeinigen Gewinnerinnen der neueren Schönheitskonkurrenzen kommen aus Amerika, aus Kalifornien, Colorado, Texas oder Mexiko. Zu Karl Foersters Zeit nannte man sie Schmetterlingsakeleien. Sie flattern auf meterhohen Stengeln, haben offenere Blüten, schmale Kronblätter und sehr lange, gerade Sporne. Die Blüten sind meist zweifarbig wie die Straßenkreuzer in den fünfziger Jahren, selten blau, oft rot und weiß oder rot und gelb. Die Herzen jener Gärtner schlagen höher, die auf Attraktion und Rarität erpicht sind. Aber der Heilige Geist wohnt nicht in solchen Schöngesichtern, obwohl sich ihre Kronblätter auch mit den Schwingen der Taube vergleichen lassen. In den Blüten der Gemeinen Akelei kann man dagegen mit etwas Glück die Silhouetten von fünf sitzenden Tauben erkennen; die Sporne haben als die einander zugewandten Hälse und Köpfe zu gelten. In Mähren wurden die Akeleien früher »Tauberln« genannt, in der Steiermark heißen sie »Fünf Vogerl zsamm«, in England »Columbine Flowers«, aber auch »granny's bonnet«, Großmutters Häubchen.

In Deutschland soll der Name Adlerblume volkstümlich gewesen sein. Eher darf man glauben, der botanische Name Aquilegia leite sich vom Adler her, von aquila, weil die gekrümmten Sporne den Krallen des Greifvogels ähneln. Andere behaupten, Hildegard von Bingen habe sich den Namen ausgedacht und dafür die lateinischen Wörter aqua und legere verbunden, weil die becherförmigen Kelchblätter den Regen fangen. Ist sie nun die Wassersammlerin? Oder ist sie die Adlerkralle? Wir raten es nicht, wollen die Philologie auch nicht zur Hauptsache oder gar zur Glaubenssache machen, sondern einen sonnigen Platz suchen für die eine oder andere der kleinen Gebirglerinnen und der amerikanischen Exoten. Im halbschattigen Gartenwinkel hat sich Goethes mutwillige Aglei längst über jegliche Konkurrenz in schöner Unbescheidenheit erhoben.

Jelängerjelieber

K omm in meine Liebeslaube, in mein Paradies«, singt die
weißhaarige Vermieterin, während sie in der Küche den
Wasserhahn öffnet, um für Alec Guinness und die anderen
drei Herren des Quartetts den Tee aufzusetzen. Doch das Wasser
fließt noch nicht, die alte Dame muß erst mit dem Hammer gegen
das Leitungsrohr schlagen, das nun knallt, dröhnt und spuckt.
Später wirbeln dann die Pfundnoten aus dem Cellokasten. Ein Film
wie die »Lady-Killers« gibt nicht nur Geldräubern zu denken. Wir
Gärtner können uns, in England und anderswo, das Paradies hinter
dem Küchengarten, so es nicht von Rosen umrankt ist, nur als
Geißblattlaube vorstellen. Schon wegen des betörenden Duftes.
Das Veilchen duftet, das Maiglöckchen, der Flieder, der Lavendel.
Aber bei ihnen riecht es allemal nach Reinlichkeit. Das Geißblatt
duftet schwül. Genießer lassen diese Schlingpflanze zum Schlaf-
zimmerfenster hinaufklettern. Denn die Blüte öffnet sich am
Abend. Erst in der Dämmerung beginnt sie, ihr Aroma betäubend
zu verströmen.

Das muß niemanden hindern, auch am Tage hinter dem dichten
Blattwerk Schutz vor Zuschauern zu suchen oder sich vor der blühenden Kulisse der Öffentlichkeit zu präsentieren. Peter Paul Rubens hat seine Braut Isabella Brant im Hochzeitsjahr vor einer
Geißblattlaube gemalt, dazu sich selber, etwas erhöht. Sie war acht-
zehn, er war zweiunddreißig anno 1609 und schon der anerkannte
Meister seiner Kunst. Das Bild hängt in München in der Alten Pina-
kothek. Es sagt der Nachwelt einiges zur Ikonographie des Verlöb-
nisbildes, noch mehr über die Mode der Zeit. Das Geißblatt bleibt
im Hintergrund. Ob es ein Nördliches Geißblatt ist (Lonicera periclymenum), das heimische Waldgeißblatt, oder das Südliche Geißblatt (Lonicera caprifolium), das aus den Mittelmeerländern ein-
wanderte – die Frage kann vielleicht beantworten, wer mit dem
Vergrößerungsglas nach München fährt. Die beiden Arten unter-

Das Geißblatt heißt botanisch Lonicera, der Volksmund aber nennt es Jelängerjelieber. Es blüht auch lang. Manche Sorten beginnen im Juni und sind im Oktober noch da

scheiden sich kaum voneinander. Die Blätter sind dunkelgrün, an der Unterseite fast blau, die Blüten gelblich weiß, außen rot überlaufen. Aber beim caprifolium ist das oberste Blattpaar jeder Ranke zu einem Teller zusammengewachsen. Im Volksmund heißt dieses Geißblatt Jelängerjelieber.

Die Blütenröhren sind tatsächlich sehr lang. So lang, daß nur Insekten mit ungewöhnlichen Rüsseln an den Nektar gelangen. Also nicht Bienen und Hummeln, sondern die schweren, pelzigen Nachtschwärmer, die Geißblatt- und Windenschwärmer, die im Schwebflug ihr Saugwerkzeug in die Blüte senken und dabei die weit vor den Blütenmund hinausragenden Staubbeutel und Griffel berühren. Das Jelängerjelieber blüht, solange der Schwärmer fliegt, von Ende Juni bis August. Und die Blüte gibt ihre Lockstoffe gerade in jenen Stunden frei, in denen diese dicken Falter unterwegs sind. Wenn der Schwärmer Pech hat, ist der Honig jedoch schon fort.

Dann haben am hellichten Tag räuberische Hummeln einfach hinten in den Blütenhals ein Loch gebissen und kurzerhand herausgeholt, was dort an Süßigkeit für den Abend vorbereitet war.

Wäre Rubens später geboren, hätte er die Braut auch vor einem chinesischen, japanischen oder amerikanischen Geißblatt malen können. Einige dieser Exoten sind allerdings wärmebedürftig und in Mitteleuropa nur im Weinbauklima oder im Gewächshaus lebensfähig. Aber ihre Hybriden, die aus Kreuzungen gewonnenen Abkömmlinge, gehen erfolgreich durch unsere Winter. Vielleicht gab es zu Rubens' Zeiten schon die Lonicera americana, die nichts mit Amerika zu tun hat, sondern ein ganz und gar europäisches Kind ist, Tochter von caprifolium und etrusca. Sie blüht von Ende Juni bis zum Frost und windet sich, wo es ihr gefällt, neun Meter hoch. Sie windet sich soll heißen: Sie klimmt, wie alle Geißblätter, nicht aus eigener Kraft wie Efeu und Wilder Wein, sondern braucht Kletterhilfen, die sie umschlingt oder durchwächst.

Die Gattung Lonicera wurde nach dem Frankfurter Stadtphysikus Adam Lonitzer benannt, der im sechzehnten Jahrhundert mit einem »Kreuterbuch« populär geworden ist. Den Geißblättern verschwistert sind die Heckenkirschen, die schon im Mai geblüht haben, aber überhaupt nicht klettern, sondern als zwei bis vier Meter hohe Sträucher den Gartenhintergrund füllen. Wo Kirschbäume stehen, soll man auf alle Heckenkirschen verzichten, weil die gefährliche Kirschfruchtfliege auch auf ihnen lebt, schrieb Franz Boerner, der noch die schönsten Heckenkirschen allenfalls als Unterholz im Park erlaubte, weil er den Platz im kleinen Garten mit wertvolleren Sträuchern genutzt sehen wollte.

Halten wir uns also an die Loniceren, die Lianen sind. Sie schlingen sich durch Zäune, überwachsen die Pergola oder steigen in alte Bäume – falls es wüchsige Sorten sind. Das ist wichtig: Einige Geißblätter gehen über anderthalb Meter nicht hinaus. Man darf in der Gärtnerei nicht einfach mitnehmen, was da zufällig zum Verkauf steht. Man muß Bücher und Kataloge studieren und dann die passende Sorte bestellen. (In Gärtnereien wie in Buchhandlungen ist nicht alles vorrätig, aber alles kann beschafft werden.) Sonst mag es geschehen, daß die Hölzer der Pergola auch im vierten Jahr oben nackt bleiben. »Das Kletterpflanzenbuch« von Peter und Ilse Menzel im Ulmer-Verlag dokumentiert und erklärt am besten, was es mit den sehr verschiedenen Geißblattarten auf sich hat. »Geißblätter, die an heißen, trockenen Südwänden stehen, verlausen meist und wachsen nicht gut.« Der Sonne entgegen, aber mit kühlem Fuß! Die Geißblätter spielen mit den Farben Weiß, Gelb, Rot, manche blühen orange oder purpurn. Manche duften stark, andere bieten der Nase gar nichts. Manche winden sich fast ohne Zutun bis zum Dach hinauf, andere nehmen die schönste Kletterhilfe nicht wahr und verharren als strauchiges Gequirl am Boden wie einst unsere Lonicera heckrottii »Goldflame«, Blüten gelb und orange, unvergeßlich der Duft, aber ohne jeden Ehrgeiz zum Höheren. Drum prüfe, wer sich ewig bindet! Im Garten wie im Leben sind fünf Jahre schon eine halbe Ewigkeit. Die Liebe könnte verflogen sein, bevor die Liebeslaube schützend steht.

Teppiche aus Thymian

Mit den Jahren bilden sich Gewohnheiten, die nicht immer nur lachhaft sind. Am ersten Urlaubstag in der Ardèche fahren wir hinauf auf die steinigen Hochflächen über Balazuc und legen uns in den blühenden Thymian. Der Gärtner liegt und atmet den trockenen, strengen Duft und schaut den Wolken zu, wie sie sich runden, wie sie zerfließen. Die Gärtnerin genießt die aromatische Atmosphäre vielleicht noch mehr, hört die Grillen zirpen, springt aber bald wieder auf und schneidet so viele Zweige von den kleinen, graugrünen Sträuchern, die kaum eine Handspanne hoch sind, bis sie schließlich selber überzeugt ist, daß ihre Ernte bis zum nächsten Jahr reichen wird.

Wozu die Mühe, wenn man zu Hause einen Garten hat? Mit Kalkschotter, Sand und Kompost könnten wir auch dem Thymian in unserem Lehm eine Enklave schaffen. Aber wie groß müßte die sein! Zwei Rosmarinbüsche versorgen die Küche leicht, für ein Thymianbeet wäre jedoch noch mal ein gutes Stück Rasen zu opfern, dort, wo es am sonnigsten ist, wo die Liegestühle stehen. Hätte dann die deutsche Sonne Kraft genug, dem Thymian ein vergleichbares Aroma zu geben? Kämen ihr nicht zu viele Regenfronten in die Quere? Und den sogenannten Französischen Thymian, dessen wilde Brüder die baumlosen Höhen der Mittelmeerländer überziehen, könnten wir im Freien kaum über den Winter bringen, allenfalls den widerstandsfähigeren, noch langsamer wachsenden Deutschen Thymian, der aber doch mit Reisig oder Stroh vor hartem Frost geschützt werden muß.

Die Rede war jetzt von zwei Kultursorten des Echten Thymians, Thymus vulgaris; in den Katalogen heißt er Gartenthymian, im Volksmund Welscher Quendel. Der wahre Quendel ist der in ganz Europa verbreitete Feldthymian, Thymus pulegioides. Seine Blätter sind grüner, größer, fleischiger. Wie sein flach über den Boden kriechender Bruder, der Sandthymian, Thymus serpyllum, findet er sich auch auf manchem Kräuterbeet. Doch diese beiden sind eher eine Zierde des Steingartens, ihre Würzkraft ist sehr viel schwächer. Das hat mit der Zusammensetzung der ätherischen Öle in den Blättern zu tun. Der Echte Thymian verdankt sein pfeffriges Aroma dem hohen Anteil an Thymol, das desinfizierend wirkt. Zahnpasta enthält Thymol. Die Ägypter nutzten den Thymian zum Einbalsamieren der Pharaonen. Wer ein Herbarium anlegt, sprüht einen Thymian-Absud, mit Alkohol versetzt, über Pflanzen und Papier, um Schimmel zu verhüten. Vor allem soll der Thymian gut sein gegen Erkältung und Melancholie, als Tee, im Hustensaft, im Badewasser oder im Räucherpfännchen auf dem Ofen. Er beruhigt auch einen verkorksten Magen.

Wir verwenden ihn nicht erst am Krankenbett, sondern vorbeugend in der Küche, nicht bloß für die Bratkartoffel, sondern großzügig bei fast jeglichem Fleisch, für dunkle Saucen, für Gemüsegratins mit Tomaten, Auberginen, Zucchini. Der Thymian, der auch im Bouquet garni und in den Herbes de Provence enthalten ist, wird immer mitgeköchelt oder mitgebraten; erst die Hitze entlockt ihm seine volle Kraft. Man muß aber auch mal Tomatenviertel statt mit Salz und Pfeffer mit Thymianblättern bestreuen: ein ganz anderer Genuß. Beim Grillen der Lammschulter oder einer Côte de bœuf darf ein Zweig in die Glut fallen. Dem Nachbarn zieht das Rauchopfer so angenehm in die Nase wie einst den Göttern im alten Hellas, denen Thymian auf den Altären dargebracht wurde. Vom griechischen thȳmiama, Räucherwerk, leitet sich der deutsche Name ab. Das botanische »Thymus« geht auf das griechische Wort für Thymian zurück, thýmos, wird aber immer wieder mit thȳmós in eins gesetzt: Kraft, Mut. Die Thymianhistoriker berichten dann gern, daß die römischen Legionäre Thymianbäder genommen haben. Vielleicht waren die Männer am Limes aber nur erkältet? Und im Mittelalter sollen die adligen Damen deutscher Nation ihren Rittern zum Abschied ein Thymianzweiglein zugesteckt haben. Für den Mut zum Rückzug?

Ein Suppenrezept aus dem Jahr 1663 empfiehlt Bier und Thy-

In der Küche ist der Echte Thymian unentbehrlich. Für den Garten gibt es noch viele andere Arten, strauchige und kriechende, weißblühende, rosarote und violette, grün- und graublättrige. Thymus praecox leuchtet weit, wenn ihn die Sonne genügend erwärmt

mian als Mittel gegen Schüchternheit. Das hätten wir in unserer Jugend wissen sollen. Heute gefällt uns eine Soupe à la farigoulette, deren Rezept Roger Vergé in seinem Kochbuch »Feste in meiner Mühle« (DuMont) verrät. Farigoule oder farigoulette ist die französische Bezeichnung für unseren wilden Urlaubsthymian. Unter den alten deutschen Namen für den Thymian: Quendel, Gundelkraut, Hühnerkerbel, Wurstkraut, Jungferndemut, Immenkraut macht die Bezeichnung Feldkümmel stutzig. Nicht alle Thymiane duften wie Thymian. Einige schmecken zitronenartig, besonders der Thymus citriodorus. Ein anderer verbreitet Fichtenduft. Und Thymus herba barona riecht wirklich nach Kümmel.

Hätten wir die Nase näher am Boden, wie die Vierbeiner, wir würden uns ein Kräuterbeet wünschen mit allen diesen Thymianen nebeneinander, um schnuppernd darin spazierenzugehen. Vita

Sackville-West hat in Sissinghurst üppige Thymianbeete angelegt, aber fürs Auge: Die strauchigen und die kriechenden Arten mit ihrem hellgrünen oder dunkelgrünen, gelbgrünen, graugrünen oder blaugrünen Laub bilden dichte Polster, farbige Teppiche. Im Frühsommer und oft bis in den Oktober hinein blühen sie zudem in Schattierungen von Blaßrosa bis ins dunkelste Purpur, aber auch reinweiß. Von den kriechenden Thymianen haben wir einige grüne und graublättrige über die Steine am Bach gesetzt, noch bevor wir Vitas Satz vom »großen Geheimnis des guten Gärtners« lasen, »jeden verfügbaren Platz mit entsprechenden Teppichpflanzen zu bedecken«. Ob aber Strauch oder kriechendes Kraut, jeglicher Thymian fühlt sich dort gut aufgehoben, wo der Boden mager ist und die Steine warm sind, wo sich der Salamander sonnen würde.

Daß der Thymian auch Immenkraut genannt wurde, versteht, wer den Thymianhonig in der Provence oder in Griechenland entdeckt hat. Den Bienen muß der mediterrane Thymian so lieb sein wie uns. Der Honig schmeckt nicht eigentlich nach Thymian, wie auch der milde Rosmarinhonig gar nicht an Rosmarin erinnert. Aber er hat eine wunderbar zartherbe Würze, ein Aroma, das jeden Morgen beim Frühstück die Wolken wegschiebt.

Das Geheimnis der Geranie

Rot heißt Liebe. Grün heißt Leben. Nichts stärkt und schmückt die Balkongeländer und Fenstersimse eines ansehnlichen Hauses mehr als die rotgrüne Koalition kräftiger Geraniengalerien. Warum fühlen sich denn die Feriengäste aus dem steifen Norden in Bayern so wohl? Weil sich die Balkone der breiten Bauernhäuser dort das satte Laub und die feurigen Blüten der Geranien so üppig vor die Brust nehmen. Geranien am Haus: das ist anheimelnd; es ist das Gegenteil von sozialem Wohnungsbau. Geranien im Holzkasten: das ist wie Zöpfe über Kniestrümpfen, also ziemlich altmodisch, aber reizend.

Die Geranien, die wir da rühmen, sind jedoch gar keine. Denn Geranien sind bodendeckende Kräuter und Halbsträucher im Freiland, geeignet für Steingärten und Böschungen, auch für schattigere Winkel, die dem Rasenmäher schwer zugänglich sind. Geranien haben fingerförmig gelappte oder zerschlitzte Blätter, ihre Blüten umspielen vor allem blaue und violette Farbtöne wie das am häufigsten angebotene Geranium platypetalum. Aber wer braucht schon Geranium?

Wenn wir in die Gärtnerei fahren oder zum Supermarkt, kaufen wir Pelargonien; sechzig Millionen Pflanzen pro Jahr, zumeist Zonalpelargonien, das sind die stämmig aufrechten, oder Efeupelargonien, das sind die langstielig hängenden. Oder beide zugleich: Die einen kommen dann hinten im Kasten zu stehen, die andern, auf Lücke gepflanzt, fließen vorn als grünbunt geplusterter Überwurf weit über die Balkonwand hinunter. (Wenn es nicht kleinblütige Wildpelargonien sind, deren zierliches Laub einen feinen Duft verströmt. Die stehenden und die hängenden Prachtpelargonien sind Züchtungen, Abkömmlinge jener wilden Pflanzen, die um 1700 aus Südafrika kamen, wo sie zwei Meter hohe Sträucher bilden.) Doch wenn wir dann mit diesen oder jenen Pelargonien nach Hause kommen, heißt es: »Übrigens, ich habe die Geranien schon gekauft!«

Wo zwei Topfpflanzen beisammenstehen, sind die sogenannten Gera-
nien dabei. Gertrude Jekyll nutzte blühende Töpfe, um im Staudenbeet
magere Stellen auszupolstern

Schuld an der Begriffsverwirrung trägt der dessenungeachtet bewunderungswürdige Herr von Linné, der einst eine allzu große Gruppe von Storchschnabelgewächsen mit dem Namen Geranium versah. Als dann ein Menschenalter später der englische Gartendirektor Aiton aus gutem Grund eine Gattung ausgliederte und sie Pelargonium nannte, war es offenbar schon zu spät: Noch heute sagen wir Geranien zu unseren Pelargonien.

Die nehmen das nicht übel. Sie sind geduldig, sie nehmen vieles klaglos blühend hin: zuwenig Wasser und zuviel Wasser, zuviel Nährstoff oder zuwenig, starken Wind und harten Regen, auch zuwenig Sonne, zuviel können sie allerdings überhaupt nie kriegen. Darum ist die Geranie das ideale Gewächs für Anfänger und für Leute, die keinen Garten haben, aber immerhin einen Balkon oder wenigstens ein Fenster, vor dem sich ein Blumenkasten anbringen läßt. Es sollte allerdings keiner aus Plastik sein; das wäre an der falschen Stelle gespart. Nicht nur ästhetische Gründe sprechen gegen den billigen Plastikkasten, auch praktische. Wenn die Sommersonne auf die dünne Plastikwand brennt, kann die Erde so heiß werden, daß die Wurzeln Schaden nehmen. Pflanzgefäße aus Holz oder aus gebranntem Ton sind besser. Da trocknet die Erde auch nicht so schnell aus. Und diese Erde sollte ihren Namen verdienen. Billigerde aus dem Supermarkt tut es nicht, denn die besteht fast ausschließlich aus Torf, der immer entweder zu naß oder bald wieder zu trocken ist. Und weil sehr oft gegossen werden muß, wird der Dünger ausgeschwemmt, bevor ihn die Pflanze aufnehmen kann. Gut für den Balkonkasten ist eine Mischung aus Gartenerde und Kompost, vielleicht eine Handvoll Sand dabei. Am besten für alle Beteiligten ist die sogenannte Einheitserde, die mindestens ein Drittel an tonigen Anteilen enthält. Sie ist teurer als die anderen Handelserden, hält aber die Feuchtigkeit und die Nährstoffe. Gut gebettet und gut genährt blühen die Pelargonien auch im späten Herbst noch über dichtem, sattgrünem Laub. Vor fünfzehn Jahren hatten wir keinen blassen Schimmer von der Botanik und der Gärtnerei, wußten aber aus der Küche, daß man bei den Zutaten nicht

Ein Balkon ohne Geranien ist wie ein Teich ohne Fische oder ein Hammel ohne Bohnen. Es sind aber gar keine Geranien, die so satt und rot in unseren Balkonkästen sitzen. Man sagt nur so, aus alter Gewohnheit. Richtig heißen sie Perlargonien

sparen darf: unsere Geranien und Pantoffelblumen rund um den Balkon konnten sich sehen lassen. Die Pantoffelblumen ließen wir bald weg, weil wir hilflos waren gegenüber den Läusen. Heute ließen wir sie weg, weil unser mittlerweile erwachtes Gärtnerauge das Gelb gern der Post überläßt.

Das ist auch ein Vorzug der Geranie: Sie ist verträglich. Wer es mag, kann es bunt mit ihr treiben. Erstens hat sie außer dem geliebten Rot selber noch allerhand Farben auf der Palette, zweitens läßt sie sich mit einem guten Dutzend von Balkonblumen zusammenbringen, vom Fleißigen Lieschen über die Margerite bis zum Männertreu. Und die meisten Menschen mögen es ja so: je bunter, desto besser. Unter den broschierten Ratgebern zum Thema fällt das selber sehr farbige Bändchen von Andreas Riedmiller auf: »Geranien, Pelargonien. Experten-Rat für Kauf, Pflege und Vermehrung«

(Gräfe und Unzer). Die ganze Pelargonien-Wissenschaft auf kaum mehr als sechzig Seiten, reichlich Bilder dabei. Und das Abenteuer des Überwinterns ist nun gar keines mehr, sobald ein paar Grundregeln beachtet werden: kein Rückschnitt, aber viel Licht, Kellerkühle um zehn Grad und ein gewisses Maß an Feuchtigkeit. Oder man wagt sich sogar an die Stecklingsvermehrung. Die empfiehlt auch Karlheinz Rücker in dem Vierhundertseitenbuch »Die Pflanzen im Haus«, einem ungewöhnlich schönen Band des Ulmer-Verlags. Bei Rücker liegt der Akzent natürlich auf Edelpelargonien und den seltsamen Duftpelargonien, die im Zimmer bleiben. Trotzdem darf auf das Buch hier aufmerksam gemacht werden, weil ja die Balkonbesitzer und die Fensterbrettgärtner so weit auseinander nicht sind und weil dieses lexikalisch geordnete Bilderbuch so reich ist und so gut lesbar, daß es auch der Zimmerpflanzenmuffel zu seinem blanken Vergnügen in die Hand nehmen kann wie der Atheist das Alte Testament.

Die Versuchung ist groß, nun auch noch andere neue und bemerkenswerte Werke aufzuschlagen, etwa die »Blütenpflanzen der Welt« aus dem Stuttgarter Birkhäuser-Verlag, wo uns nebenbei die Augen geöffnet werden auch für das Riesenreich der Storchschnabelgewächse. Noch besser wäre es, ohne die Bücher bei den wilden Storchschnäbeln in Wald und Wiese spazierenzugehen und beim heilkräftigen Ruprechtskraut zu verweilen. Doch darüber vergäßen wir Vor- und Kleingärtner dann dieses ganz: Daß die aus Südafrika gebürtige und darum bei uns nicht winterharte Geranie genauso unermüdlich und genauso feurig das Beet hinterm Haus schmücken kann wie vorn und oben die Fassade. Wenn die auserwählte Pelargonie nur richtig sommerfroh und rot ist. Denn rot ist die Liebe. Rot ist schön.

Die Lust zum Gartenzwerg

Der Gartenzwerg muß nicht verteidigt werden. Den meisten Gärten tun ihre Zwerge gut. Auch wenn der Zwerg acht Meter hoch ist wie einer im Park von Vaux-le-Vicomte, und Herkules heißt. Auch wenn der Zwerg in Gestalt eines Löwen auftritt, der seiner Löwin die Ohren leckt. Nicht jeder Gartenzwerg trägt eine rote Zipfelmütze.

Bei der verehrten Freundin steht ein Faun mannshoch im Gras und lächelt. Er steht da gottlob nicht nackt, bocksfüßig und geschwänzt, sondern entwächst einem Piedestal und ist, soweit sich das unter der Patina erkennen läßt, ordentlich in englisches Tuch gekleidet. Er ist auch nicht mit dem Weinbecher oder der Panflöte ausgerüstet, sondern hält ein Horn in der Rechten, ein Füllhorn vielleicht; er hält es jedenfalls nicht so, als ob er damit tönen wollte. Am Ende ist es eine Art Samentrompete. Und warum lächelt der steinerne Gast? Weil die verehrungswürdige Gärtnerin zu seinen Füßen statt des englischen Rasens immer noch eine deutsche Blumenwiese zu kultivieren sich bemüht.

Ein Garten soll wetteifern mit der Natur und darf sie zu übertreffen suchen in wilder Natürlichkeit. Es ist aber verlorene Liebesmüh. Die Natur kann es allemal besser. Mit den Jahren bescheidet sich der Gärtner und begreift seinen Garten als das, was er ist: ein Kunstprodukt, menschlicher Lebensraum, ins Grüne hinausgetrieben. Möbliert mit Tisch und Bank. Beseelt von den Zwergen, auch wenn es ausgewachsene Götter und Nymphen sind wie einst in den fürstlichen Anlagen der Renaissance und des Barocks. Auch wenn die Repliken im grauen Betonguß allmählich alle arkadische Kraft eingebüßt haben. Man darf das olympische Gartenpersonal auf den grünen Kleinbühnen bespötteln, wenn es das falsche Stück vor dem falschen Publikum spielt und dabei selber nicht echt ist. Aber verachten muß man es deswegen nicht. Erlaubt ist, was gefällt. Der sonst sehr kritische Fürst Pückler gibt sich mild: »Wenn der

Park zusammengezogene, idealisierte Natur ist, so ist der Garten eine ausgedehntere Wohnung. Hier mag also der persönliche Geschmack sich wohl ein wenig gehen lassen.«

Die Chinesen verehren bizarre Steine zwischen Busch und Strauch, den Japanern bezeichnen Steinlaternen den Ort, der sich über die Botanik erhebt. Goethe setzte in den Unteren Garten an der Ilm einen steinernen Kubus mit Kugel, den er als »Stein des guten Glücks« bezeichnete. Außerdem hatte er weiter oben am Hang den Schlangenstein mit der Inschrift »Genio huius loci«, modelliert vom Bildhauer Klauer. Eine Schlange beißt in Brote, was uns als Symbol für ein Dankopfer an den Schutzgeist des Ortes erklärt wird. Hätte Goethe etwas früher gelebt, wäre ihm ein Rokokozwerg vielleicht ebenso bedenkenswert gewesen.

Heute prägt der Zeitgeist kaum einen Garten, er weht nur postmodern über die kommunalen Gartenschauen hin. Die Skulpturen in den privaten Gärten sind fast immer Standbilder aus vergangenen Zeiten oder uralte Formen sehr ferner Kulturen. Der Gärtner ist konservativ. In unserem Gärtchen gab es bis jetzt nur Unauffälliges. Findlinge, die zur Vogeltränke gehöhlt sind, Findlinge, die aufeinandergesetzt eine Katzengottheit bilden. Doch nun wird es schwierig. Die Freundin schenkte eine bäuerliche Gartensäule aus Sandstein, anderthalb Meter hoch. An der Seite sitzt noch eine Türangel. Oben trägt sie eine flache Eichel wie einen Hut. Wo soll die Säule stehen? Damit sie nicht aussieht wie ein Phallus, nicht wirkt wie ein Grabstein? Sondern wie beides in einem. Eigentlich war sie für den Vorgarten gedacht, am Zugang zum Haus. Aber der behäbige, körnige, rötliche Sandstein verträgt sich nicht mit dem geweißelten Sichtmauerwerk. Er braucht einen grünen Hintergrund. Darum wird dem schweren Brocken ein kleines Fundament zwischen die Halbkugeln von Buchs und Azaleen gesetzt, nachdem zuvor mit einer Attrappe aus Packpapier der beste Platz gesucht wurde. Die Gartensäule wird sich wandeln zum Betrachtungsstein. Sie wird dastehen wie eine japanische Steinlaterne. Aber nicht ganz so befremdlich.

Nicht jeder Gartenzwerg trägt eine rote Zipfelmütze. Auch ein lockiger
Putto mildert den botanischen Ernst

Hätten wir die Kraft, würden wir uns vielleicht solcher Spielerei enthalten. Der Garten, der uns bis heute den stärksten Eindruck gemacht hat, begnügt sich mit einigen italienischen Vasen auf der Terrasse und vielen Nistkästen an den Bäumen. Es ist allerdings ein Waldgarten und Rhododendronpark besonderer Qualität, da müssen die Götter nicht erst gerufen werden,

Hätten wir das Geld, würden wir ein Nashorn von Johannes Bruns zum Wasser traben oder eine ebenso wohlgerundete Weiblichkeit von Botero in sich ruhen lassen. Natürlich würden wir beide wollen, Boteros Frau und das dicke Nashorn, aus dem Bambus brechend. Und hinter den Tomaten eine stählerne Europa, die ihrem alten Stier gnadenlos die Sporen gibt. Damit der Garten nicht zum Freilichtmuseum oder zur Museumsparodie würde, käme es darauf an, solche Phantasiestücke und Bildungszitate so zu plazieren, daß von jeglichem Standort immer nur eines zu sehen wäre: in den Nischen der Hecke, hinter großen Sträuchern. Wandert der Gast mit dem Aperitif in der Hand um die Lorbeerkirsche, stockt sein Schritt, weil im Schutz des mannshohen Laubs so etwas wie ein Rodinscher Kuß im Gange ist oder, schlimmer, weil Amor seinen Pfeil nun auf ihn richtet.

Wo ist der Unterschied zwischen den klassischen Szenarien, die ihr Vorbild in Versailles oder in Veitshöchheim haben, und dem Lauterbacher Gartenzwerg, der sich auch aus Figurinen barocker Schloßgärten entwickelt hat? In ihrem Wesen sind sie gleich. Dennoch liegen Welten zwischen ihnen. Aber keine Abgründe. Es ist nur eine Sache der Lebenserfahrung. Den Weg vom Amselfelder in die Keller von Bordeaux haben wir ja auch gefunden. Unterwegs gibt es manchen angenehmen Ruheplatz, fürs erste mit einem pausbäckigen Putto in der blühenden Kulisse.

Die Seerosen Claude Monets

Aller Anfang ist schwer. Sagt man. Eigentlich muß es heißen: Er ist schwierig. Schwer ist der Korb voll Lehm, in dem die neue Seerosenknolle sitzt, die jetzt im Gartenteich versenkt wird, damit sie im Sommer blüht. Schwierig ist der Anfang eines Seerosenartikels, weil er sich schwerlich mit einem Hinweis auf den Unterschied zwischen Mann und Frau und auch nicht mit einem kleinen Rezept aus der Küche bestreiten läßt. Seerosen wollen wir nicht essen. Obwohl das alte Konversationslexikon meldet: »Der stärkemehlreiche und gerbstoffhaltige Wurzelstock ist genießbar und wurde früher wie auch die Blüten und Samen medizinisch als Aphrodisiakum benutzt.« Und trotz dieses Stichworts müssen wir aus Gründen der Schicklichkeit darauf verzichten, den Witz von dem Frosch mit der lockeren Badehose zu erzählen, der sich auf einem Seerosenblatt reckte: Ich bin ein Schwan, ich bin ein Schwan! Und eine vorbeischwimmende Ente, die ihm zuerst lächelnd widersprach, als er die Hose fallen ließ, doch zu dem Ausruf nötigte: Mein lieber Schwan! Es darf aber ohne Scheu an die bedenklichen Fotos erinnert werden, die einst zur Demonstration der Tragfähigkeit von Seerosenblättern einen Säugling statt auf dem Eisbärfell auf dem grünen Tablett der Victoria regia im Seerosenbecken eines Botanischen Gartens zeigten.

Die Victoria regia, die neuerdings Victoria amazonica heißt, eine tropische Verwandte der Seerose, wäre für den Gartenteich schon wegen ihres Umfangs nicht geeignet. Außerdem blüht die Südamerikanerin nachts, wenn der Gärtner schläft. Wir wollen uns hier, damit es nicht noch schwieriger wird, nur über Seerosen kundig machen, die nicht auf ein Gewächshaus angewiesen sind, sondern unterm Eis den Winter überstehen, Seerosen, wie sie auch der Gärtner und Maler Monet in seinem Teich in Giverny setzte und auf großen und immer größeren Leinwänden immer wieder malte, die Seerosen und das wechselnde Licht, das die Farben verändert und,

beim Impressionisten, sogar die Formen. Ein Seerosenhistoriker wird auf den verschwimmenden Bildern dennoch erkennen, wo in der Morgensonne Nymphea alba leuchtet, die heimische Wildart, wo im Nachmittagslicht die Nymphea artropurpurea dunkelt, die der französische Züchter Joseph Bory Latour-Marliac gerade erst 1901 entwickelt hatte, und kann gewiß auch sagen, was da kanariengelb blüht. Im tieferen Wasser wird es die Marliacea Chromotella sein, in Ufernähe vielleicht Marliacs Aurora, dort, wo es so bunt ist auf einem Fleck. Wenn sich die Blüten dieser Aurora öffnen, sind sie gelb, am zweiten Tag zeigen sie sich lachsorange und steigern sich schließlich vor dem Verblühen in ein kupfriges Rot. Die wandlungsfähige Pflanze kam schon 1895 auf den Markt.

Unsereins, in der Seerosengeschichte noch nicht so bewandert, erkennt vor Monets Wasserpanoramen immerhin eines, das Wichtigste: Die Seerosen dürfen nur Inseln bilden, wenn sie malerisch wirken sollen. Es muß Wasserfläche frei bleiben, Bäume und das Gebüsch am Ufer müssen sich spiegeln können, vor allem der Himmel. Schon die Zeitgenossen staunten: Bei Monet reicht der Himmel bis an die untere Bildkante.

Im Gartenteich haben wir den Himmel zu Füßen. Und die Fische, die durch den Himmel schwimmen. Die Fische haben uns überhaupt erst zur Seerose gebracht. Ursprünglich war der langgestreckte Teich mit den seitlichen Geröllfeldern, die den Regen sammeln, bloß als Reservoir gedacht. Doch dann sollten die Schleierschwänze, die dicken Schnakenlarvenvertilger, ein schützendes Blätterdach finden, damit sie sich nicht zwischen den Ufersteinen verstecken und verklemmen mußten, wenn sie den blauen Eisvogel in der Himmelsbläue ahnten.

Fürs erste holten wir uns in einer Wassergärtnerei zwei Körbe mit Nymphea alba. Wie ihre feineren Schwestern und die mit tropischem Blut verfeinerten Abkömmlinge sei jedoch auch diese ger-

---

Seite 136/137: Nicht jede weiße Seerose ist eine Nymphea alba. Aber die schönsten Seerosen sind doch immer wieder weiß

Der französische Züchter Marliac brachte schon in den achtziger Jahren des vergangenen Jahrhunderts farbige und doch winterfeste Seerosen auf den Markt. Die kräftige, reichblühende Marliacea Carnea fühlt sich in tiefen wie in flachen Teichen wohl

manische Nymphe empfindlich; bewegtes Wasser behage ihr nicht, sagen die Bücher. In einem kleinen Bassin wird man den Springbrunnen und die Seerose zugleich nicht haben können. Bei uns wirft die Umwälzpumpe einen starken Strahl durchs Bambusrohr in einen Seitenarm des Gewässers, doch zwei Meter weiter breitet sich die doppelte alba, vermehrt um eine nicht weniger weiße Gladstonia, so kraftvoll aus, als seien die Blumen in einem stillen Weiher auf einer warmen Waldlichtung daheim. Licht, ja Sonne braucht die Seerose so nötig wie sauerstoffreiches Wasser. Wo es kühl und schattig ist, blüht sie nicht.

Die Seerose? Manche gedeihen nur in flachem Wasser, andere fühlen sich erst in der Tiefe wohl. Einige heben die Blüten über den Wasserspiegel hinaus. Und alle diese sternförmigen oder kugeligen Seerosengesichter, zum Verwechseln ähnlich, sind einander doch nicht ähnlicher als Menschenköpfe, also grundverschieden, nicht nur, weil sie weiß oder gelb sind, rosa oder rot. Neben dem Seerosenvater Marliac haben Amerikaner, dann auch Engländer, Holländer und deutsche Züchter die robusten weißen Arten der nördlichen Hemisphäre mit den starkfarbigen der Tropen vermählt, so daß die International Waterlily Society zu tun hat, den Überblick zu behalten.

Wie finde ich denn da meine Seerose fürs kleine Becken oder meine drei Rosen für den größeren Teich? Mit Kamera und Notizblock auf sommerlichen Besuchsreisen durch die Botanischen Gärten. Dann bei den Seerosenspezialisten, die in den Gartenzeitschriften inserieren. Zuerst und zuletzt beim Studium der Bücher. Einen guten Einblick in die Seerosenwelt gibt der Bildband »Seerosen und andere Wasserpflanzen« im Verlag Stedtfeld. Man muß aber trotz aufschäumender Verliebtheit genau hinschauen und nüchtern abwägen. Wie der Heiratswillige, der ja auch nicht die erste Zuschrift auf seine Annonce ans Herz drückt, sondern mehrere Kandidatinnen in Augenschein nimmt. Ist die Schöne nicht zu langbeinig, erträgt sie meine Seichtigkeit? Hat sie ein einnehmendes Wesen, oder begnügt sie sich mit dem ihr zugedachten Platz? Werde ich mit diesem Gelb in zwei Jahren noch glücklich sein?

Das sind Fragen, die sich einer beantworten muß, bevor er den Schatz ins Wasserbett setzt. Auch wenn er die Erwählte dann nicht malen will, sondern nur nach Feierabend genießen. Aber Vorsicht, die meisten Seerosen schließen die Augen schon, wenn die Sonne noch lang nicht untergeht.

Wenn die Salbeimäuse springen

Da sitzt der Gärtner in seinem Lieblingsrestaurant und fachsimpelt mit dem Patron über die Rolle der Salvia als Primadonna in der südländischen Küche, kennt aber die Salbei-Mäuse nicht. Der Chef kann es nicht fassen. Er verschwindet in der Küche. Durch das Schiebefenster sieht man ihn ein Ei trennen, einen Bierteig aufschlagen, Salbeiblätter durch den Teig ziehen, ausbacken, mit Zucker pudern. Warm, kroß, würzig springen sie auf den Tisch. Als Zwischengericht. Zur Demonstration. Sie sehen wirklich aus wie grüne Mäuse im braunen Pelz. Denkt man sich ein Zimteis dazu und Marzipandatteln oder eingelegte Kirschen und sonstwas sehr Süßes, hat man ein Dessert von der nicht ganz gewöhnlichen Art.

Im Garten macht der Salbei keine Mühe. Doch in der Küche muß man aufpassen, daß das strenge Aroma nicht zu heftig durchschlägt. Das Experimentieren mit dem Salbei kann schweißtreibend sein, der Salbei selber bewirkt dann das Gegenteil. Arzneibücher loben ihn als ein Mittel gegen Handschweiß und nächtliche Hitze. Die Kochbücher empfehlen die Schmale Sophie, wie er in manchen Gegenden heißt, als Beigabe zu fettem Fleisch, auch zum Kalb: bei der Saltimbocca alla Romana ist das Salbeiblatt auf dem Medaillon mehr als Dekoration. Unsere Rezeptsammlung rühmt einen lauwarmen Salat von Austernpilzen und Pfifferlingen mit Salbei und Speck.

Die Küchentür wird jetzt geschlossen: erst die Botanik. Der Gartensalbei, Salvia officinalis, kommt vom Mittelmeer und bildet verholzende Halbsträucher. Er verlangt also den sonnigsten Platz, eher trocken, der Boden durchlässig, Kalk sollte nicht fehlen. Schwere Erde darf man mit Sand luftiger machen, etwas Kompost schadet nie. Um die Pflanze buschig zu halten, muß im Frühjahr und vielleicht nach der Blüte noch mal zurückgeschnitten werden. Nach fünf Jahren wird der Strauch durch Stecklinge oder gekaufte

Von einem Salbeiblatt schlägt uns ein Geruch wie aus alten Apotheken entgegen, auch wenn es Blätter einer Züchtung sind wie dieser Salvia officinalis, die den Namen Berggarten trägt

Jungpflanzen ersetzt, denn nun ist der ausgewachsene Salbeibusch so verholzt, daß er zwar noch eine Bienenweide sein kann, aber keine Augenweide mehr, und im Winter fällt er dann allzu leicht dem Frost zum Opfer.

Dieser Gartensalbei mit den schlanken, graugrünen und filzig derben Blättern blüht im Hochsommer an vierkantigen Stengeln. Die quirligen Blüten stehen in Etagen übereinander, meist violett, auch rosa oder blau; sind sie weiß, handelt es sich um die Sorte »Albiflora«. Die Blätter des hellen Goldsalbeis »Icterina« sind gelb umrandet, der dunkle »Purpurascens« ist rötlich überhaucht.

Das waren Sorten von Salvia officinalis. Der Familienname bezieht sich auf das lateinische salvere: retten, heilen. Der Salbei hilft nicht nur, fette Speise angenehm zu machen, er steht im Ruf, Fieber zu mindern, Depressionen zu lindern, Zahnfleisch zu festigen, Verkrampfungen zu lösen. Den Frauen, die nicht schwanger wurden, gab man den Rat, vier Tage Salbeisaft zu trinken und dem Manne fernzubleiben, danach sei Empfängnis zu erwarten. Auch im Examensstreß soll der Salbei Beistand leisten, gegen Rheuma soll er helfen, gegen Migräne, gegen Erkältungen und Entzündungen. Ein römisches Sprichwort fragt mit Recht: »Warum soll jemand sterben, der Salbei im Garten hat?« Es wird dann immer jemanden geben, der die Mundwinkel nach unten zieht und weiß: Gegen den Tod ist kein Kraut gewachsen. Dieser arme Melancholiker kennt den Salbei nicht.

Neben dem Spanischen Salbei, Salvia lavendula, blaublühend, kleinblättrig, der auch gut ist für die Würzküche, gibt es noch viele Arten von Ziersalbei, die dem Meister am Herd so hilfreich sein können wie der Ananas-Salbei, Salvia elegans, der Schweinefleisch veredelt und Fruchtsalate adelt. Geraldene Holt, der wir schon die Rosmarin-Plätzchen verdanken, aromatisiert ein Bananen-Joghurt-Eis mit sechs gehackten Blättern vom Ananas-Salbei (»Kräuter, Kräuter, Kräuter«, Christian Verlag). Wir werden es im nächsten Sommer probieren, zumal dieser Salbei leuchtendrot blüht. Natürlich kann man immer auch mit getrocknetem Kraut arbeiten, das feine Aroma haben aber die frischen Blätter.

Der Muscateller-Salbei, Salvia sclarea, ist eine zweijährige Staude, meterhoch, deren violette Blütenquirle in lockeren Ähren an verzweigten Stielen sitzen. Die breiten, fast herzförmigen Blätter sollen einst dem deutschen Wein zu Muscateller-Geschmack verholfen haben. Es gibt sogar einen Beleg dafür, Wolfram von Eschenbach singt im Willehalm: »wir sulen ouch parrieren den win / mit guoter salveien.« Leute mit sehr feinen Nasen behaupten, der Muscateller-Salbei dufte nach Ambra. Was immer das bedeutet, gewiß eignet er sich aber besonders gut für ein Salbei-Omelett.

Man erwarte hier nun nicht die vollständige Salbei-Parade. Alle Arten faßt kein Garten und keines der Kräuterbücher. Die wichtigsten zeigt und erklärt ein Band bei Droemer Knaur (»Kräuter«, von Roger Phillips und Nicky Foy). In dem aus England übernommenen Buch begegnet uns jedoch weder die gemeine Salvia nemorosa noch eine ihrer vielen Kulturformen, die hierzulande mit meist blauen Blüten schon seit Karl Foersters Zeiten Aufsehen erregen. Für manchen Garten ist der Salbei erst noch zu entdecken. Auch der Gärtner, der in seiner Küche dilettiert, kann noch lernen.

Wenn wir wieder in jenem gargantuelischen Restaurant sitzen, das uns das liebste ist, erbitten wir uns Entenleber, mit Salbei umwickelt, in Butter gebraten. Aber zum Aperitif schon Plätzchen aus Reismehl mit eingebackenen Salbeiblättern. Später Nudeln mit Salbei. Fisch mit Salbeisauce. Geflügel mit Salbei-Zwiebelfüllung. Frischkäse mit gehacktem Salbei. Schließlich ein berauschendes Salbei-Sorbet. Das wäre ein heilsames Essen. Allerdings wird es süchtig machen: nach mehr Salbei im Garten.

Die Schmetterlinge auf den Astern

Astern, schwälende Tage, / alte Beschwörung, Bann, / die Götter halten die Waage / eine zögernde Stunde an.« Je näher der Herbst des Lebens rückt, desto weniger tröstlich klingen die vertrauten Verse Benns. Ach, der Herbst! Manche Dichter und altklugen Mädchen behaupten, der Herbst sei ihnen lieb. Laßt diese Mädchen älter werden! Die grau gewordenen Philosophen und Poeten haben freilich recht, wenn sie sich mit dem Gleichmut Benns oder heiteren Sinnes wie Mörike ins Unvermeidliche fügen. »Im Nebel ruhet noch die Welt, / Noch träumen Wald und Wiesen: / Bald siehst du, wenn der Schleier fällt, / Den blauen Himmel unverstellt, / Herbstkräftig die gedämpfte Welt / In warmem Golde fließen.« Nicht allen gelingt es, sich den späten Frieden zu schaffen. »Dies ist der Herbst: / der – bricht dir noch das Herz! / Flieg fort! Flieg fort!« ruft Nietzsche. Wer wollte dem Rat nicht folgen? Der Schmetterling. Er bleibt, er überwintert und ist sich seines Frühlings gewiß. Er übersteht den Herbst, weil ihn die Aster trägt und nährt.

Einst lasen wir im »Garten als Zauberschlüssel«, in Karl Foersters schönstem Buch, den Hinweis: »Ein Chrysanthemumgärtchen liegt in stummer Vornehmheit in der Sonne unterm Fenster. Ein Asterngärtchen braust von Bienen in den Sonnenstunden und erfüllt sie mit buntem Schmetterlingsflug.« Und lasen drüberhin. Nun haben wir es selber erlebt: Überm Asternbeet ein Heer von Pfauenaugen; so schien es aus der Ferne. Was da schaukelte oder still saß und lautlos mit den Flügeln klappte, war bei genauem Hinsehen rot mit braunen Flecken der Kleine Fuchs. Zwei Dutzend samtener Schmetterlinge und ein paar mehr. Dazwischen geschäftig die doppelte Zahl der Foersterschen Bienen. Das war Ende September. Blaßblau spiegelte die Aster den Himmel, »Dr. Otto Petschek« heißt sie und gehört noch zu den Sommerastern, zur Familie Aster amellus. Es gibt auch Frühlingsastern, Aster alpinus oder Aster tongolensis, die noch im Mai zu blühen beginnen. Aber jetzt haben wir es mit den oktoberlichen Herbstastern zu tun.

Manches strahlende Herbstgewächs, das als Aster angesehen wird, ist allerdings eine Chrysantheme, leicht zu erkennen an den gefiederten Blättern, oder es ist eine gefüllte Margerite, die wie die Aster lanzettliche Blätter hat und doch den spätsommerlichen Chrysanthemen zuzurechnen ist: Die prächtigen weiß und rosaroten Asternsträuße am Eingang zum Supermarkt – Chrysanthemum maximum. Nein, sagt Marianne Beuchert, die Blumengärtnerin, die es wissen muß: Es ist fast immer die einfache Sommeraster, die Schnittaster, Callistephus sinensis. Blumen darf man lieben, mit aller unvernünftigen Sehnsucht, doch nicht ohne jede Wissenschaft. Welche Schöne möchte denn unter falschem Namen verehrt werden?

Das Herz muß dem Liebhaber und Gartendilettanten in die Hose rutschen, wenn er im Katalog und tatsächlich auch auf den Verkaufstischen einer Staudengärtnerei wie Kayser & Seibert ein halbes Hundert Astern findet: Astern, die Teppiche bilden oder Kissen wölben oder zu mannshohen Büschen heranwachsen, Astern, die schneeweiß blühen, silbrigblau oder dunkel wie Lavendel, rubinrot oder rosa, Astern mit winzigen Sternchen, die meisten aber mit Blüten groß und rund, groß genug als Landeplatz für jeglichen Tag- und Nachtfalter. Und erst ein Blick in das dickleibige Werk über die Freilandschmuckstauden von Jelitto/Schacht/Fessler aus dem Ulmer-Verlag lehrt unsereinen das Fürchten. Mein Gott, was es alles gibt! Am Ende mehr Astern als Schmetterlinge?

Bevor wir nun die Herbstastern auseinanderzuhalten und unsere Wahl zu treffen suchen, soll Karl Foerster sagen, der leidenschaftliche Blumenpfleger und verewigte Asternfreund, was es mit dieser Herbstblume auf sich hat, die gewiß keine Friedhofsblume ist, sosehr sie die Gräber schmückt. Astern, sagt Foerster, »verklären den Mollklang des Herbstes«. Denn die Astern sind vielleicht nicht gerade C-Dur, aber B-Dur gewiß. Astern, wenngleich sie uns ihre Sterne im Morgentau tränennaß entgegenhalten, wenngleich sie

Die Aster ist die Blume des Herbstes, obwohl es auch Astern gibt, die im Frühling und im Sommer blühen. Die lavendelblauen Kissen der Aster dumosus Professor Anton Kippenberg wölben sich noch warm bis in die dunkelsten Nebeltage des späten Novembers

fast alle in gebrochenen Farben leuchten, Astern sind starke, lebensvolle, fröhliche Blumen.

Ganz so stark auch wieder nicht. Die höheren Sorten mit den strauchigen Blütenästen, die sich oben zu Schirmen verbreitern, brauchen eine Stütze und einen Gürtel, damit sie nicht umfallen im Regen oder im Wind oder allein unter der Last ihres hundertfachen Blühens. Alle Astern wollen, wenn sie nicht dürr dastehen sollen, sondern saftig belaubt von unten an, alle wollen einen sonnigen Platz, guten Boden und beizeiten den Dünger. Sie können kaum genug haben an Kompost und Rinderdung im Frühjahr und nährenden Güssen im Sommer. Und sie fordern Platz. Ein Asternbusch allein kann schon schön sein. Ein einziger Asternbusch am Tor kann das ganze Sterbenselend eines herbstlichen Schrebergartens überspielen. Der Luxus des Hausgartens beginnt bei der Asternrabatte, die mit einem zweiten Beet korrespondiert, jenseits des Rasens. Damit wir die Schmetterlinge fliegen sehen.

Genug der Gartenpoesie. Es gibt Kissenastern, kugelige Büsche, allenfalls halbmeterhoch: Aster dumosus, den »Professor Anton Kippenberg« zum Beispiel, den »Herbstgruß vom Bresserhof« oder das »Schneekissen«. Und es gibt Strauchastern. Da unterscheidet der Gärtner vor allem zwei populäre Familien, die Rauhblattaster, Aster novae-angliae, und die Glattblattaster, Aster novi-belgii. Was sonst noch alles, ist einstweilen in den Büchern gut aufgehoben. Entscheiden wir uns für eine neubelgische Aster. Nicht lila oder rosa, das haben wir schon zu oft gesehen. »Blandie« ist halbgefüllt und weiß, »Freda Ballard« blüht kräftigrot, die »Schöne von Dietlikon« betört uns dunkelblau mit leuchtendgelber Mitte. Damit sich aber die Farben verbinden, können wir doch nicht ganz auf die rosa und lila getönten Sorten verzichten, müssen Bücher und Kataloge studieren, Gärtner besuchen und Stefan George beherzigen, der dem Herbst noch im totgesagten Park ein Quantum Glück abgewinnt: »Vergiß auch diese letzten Astern nicht!«

Der Farn und seine Rätsel

Der Farn gibt Rätsel auf. Gräser blühen, Bäume blühen, der Farn blüht nie und nimmer. Und zieht doch bewundernde Blicke auf sich. Einige hundert Millionen Jahre ist er alt. Ein grünes Fossil. Weil er keine Blüten hat, kann er auch keine Früchte tragen und keinen Samen bilden. Aber wie vermehrt er sich dann? Die Botaniker sind lange nicht dahintergekommen. Erst im Jahre 1851 wurde das Geheimnis aufgedeckt, von einem deutschen Buchhändler. Der war, wie mancher seines Zeichens, vorzeitig von der Schule abgegangen, war kurzsichtig, erkannte aber die winzigen braunen Punkte auf der Rückseite der Farnblätter und sah geduldig zu, was sie zu bieten hatten. Ein Jahrzehnt später wurde er für die in der Freizeit betriebene Erforschung der Sexualität des Farns mit einem Lehrstuhl der Universität Heidelberg belohnt. Die Heidelberger waren schon immer für mutige Berufungen gut.

Friedrich Wilhelm Benedikt Hofmeister hieß der Mann, der wußte, daß jene braunen Punkte Fortpflanzungsbehälter sind, gefüllt mit kaum sichtbaren Sporen, die, vom Wind verweht, am geeigneten Ort keimen und – das fand nun er endlich heraus – eine Pflanze entstehen lassen, die keine Wurzeln hat, nur Saughaare zur Verankerung; vor allem fehlt ihr jegliche Ähnlichkeit mit einem Farn. Das ist der sogenannte Vorkeim, eine Zwischengeneration, die Geschlechtsgeneration. Dieses meist herzförmige, weniger als einen Zentimeter breite, hauchdünne Prothallium trägt auf der Unterseite männliche und weibliche Organe. Die Feuchtigkeit eines Tautropfens genügt den Spermatozoiden, zu den Eizellen am anderen Ende des Keims zu schwimmen. Neun Monate etwa dauert es, bis über diesen Umweg ein neuer Farn entsteht, der zuerst nur eine Wurzel und ein einfaches Blatt bildet, allmählich jedoch zu der für die jeweilige Art typischen Form des Wedels findet. Im nächsten Sommer entwickelt er sich schon fast zu voller Größe, im übernächsten ist er schon wieder selber Sporenträger.

Der Farn gibt immer noch Rätsel auf. Ist er nicht eine Wald-pflanze, die im Schatten lebt? Einst kauften wir einen kleinen Wedel und setzten ihn in Lauberde unter den Hartriegel, wo er gedeihen sollte. Er blieb ein Kümmerling. Nach drei Jahren verschwand er. Es war kein Exote, sondern ein Gemeiner Wurmfarn, Dryopteris filix-mas. Aber an Plätzen, die wir einem Farn nie hätten zumuten wollen, wo Sandsteine in der Sonne liegen, die den Rasen von den Beeten trennen, siedelte er sich selber an. Wächst und wuchert. Das ist jetzt ein Becherfarn, Matteuccia struthiopteris. Er heißt auch Trichterfarn oder Straußfarn. Becher und Trichter nehmen Bezug auf das geschlossene Rund der um den Wurzelstock stehenden We-del, Strauß meint wohl die Form dieser Wedel, die einer Straußen-feder ähneln. (Der Wurmfarn dagegen verdankt seinen Namen dem Umstand, daß er vormals in der Volksmedizin als Wurmmittel gute Dienste getan haben soll.) Unser Becherfarn treibt Ausläufer, so daß eine freie Fläche binnen weniger Jahre von einem dichten Farn-wald besetzt werden kann. Im Halbschatten geht das freilich besser als in voller Sonne.

Im Halbschatten! Die meisten Farne sind zwar Waldbewohner, dennoch keine lichtscheuen Dunkelmänner. In geschlossenen Fichtenbeständen oder Buchenwäldern sucht man den Farn verge-bens. Erst wenn der Wind oder die Holzfäller Lichtungen geschla-gen haben, nutzt er seine Chance. Und wird zum Dauergast, wenn er genug Feuchtigkeit findet. (Dem Wurmfarn war es unterm Hartrie-gel wahrscheinlich zu trocken. Den Becherfarn versorgt der Rasen-sprenger.) Sogar die Steingartenfarne im Fels und an der Mauer brauchen die Verbindung zu rückwärtigen Erdschichten. Oder den Dauernebel. Im Gebirge stehen die prächtigsten Exemplare neben dem stäubenden Wasserfall.

Soll ein Frauenhaarfarn oder ein Schwertfarn im Topf als Zim-

Seite 150/151: Der Wurmfarn leistete einst in der Volksmedizin wichtige Dienste. Diese Probleme haben wir gottlob nicht mehr. Wir nutzen ihn nur noch als Schmuck und Zier

Die ersten Fröste lassen die meisten Farnkräuter in sich zusammenfallen. Das Frühjahr bringt neue Blätter. Besonders üppig sind die Wedel des Straußfarns, Matteuccia struthiopteris, der hier einen Sitzplatz mächtig umspielt

merpflanze überleben, bedarf es nicht nur gleichmäßiger Feuchte am Wurzelballen, der gelegentlich getaucht werden muß, aber stehendes Wasser im Untertopf nicht mag – auch die Luft darf nicht zu trocken sein. Eine Blumenspritze wirkt Wunder. Und läßt die Läuse gar nicht erst aufkommen. (Sind sie aber da, Blattläuse, Wolläuse oder Schildläuse, wird eine milde Seifenlösung gesprüht, der ein Schuß Spiritus beigegeben wurde.) Aber Achtung! Nicht alle Farne im Topf wollen eingenebelt werden. Der Geweihfarn ist ziemlich wasserscheu. Dieses epiphytische Gewächs will auch keine Gießkanne sehen, sondern alle zehn Tage in lauwarmes Regenwasser getaucht werden.

Der Farn gibt immer wieder Rätsel auf. Einige Arten kommen aus Kalkgebirgen und wachsen im Garten doch willig neben ihren sauren Brüdern. Nicht so der Hirschzungenfarn, der alkalischen

Boden braucht und den tiefen Schatten, ein Höhlenbewohner, dem es auch in einem Brunnenschacht nicht zu dunkel ist.

Die Farnkunde ist eine Erfahrungswissenschaft. Mit allen Farnen kann aber keiner bekannt sein. Zehntausend Arten soll es geben. Fünfhundert von ihnen sind arktische Farne, andere fünfhundert sind Wüstenfarne. Bleiben noch neuntausend. Die leben fast alle in den Tropen, die Baumfarne zum Beispiel, bei denen sich das Rhizom zu einem Stamm hochgeschoben hat, so daß sie aussehen wie kleingewachsene Palmen. Leider kann man sie nicht in den Garten setzen, nur in ein großes Gewächshaus. Es bleibt aber noch genügend Spielmaterial für den mitteleuropäischen Farnatiker: »Das Buch der Freilandfarne« von Richard Maatsch (Verlag Paul Parey) beschreibt einige hundert Arten und Sorten und sagt dem Unerfahrenen, worauf er achten sollte. Das Time-Life-Handbuch »Farne« ist nicht weniger hilfreich, noch anschaulicher und voll von Anekdoten samt der Geschichte von den Wardschen Kästen, diesen einst jeder bürgerlichen Behausung unentbehrlichen Farn-Vitrinen, die am Ende des vergangenen Jahrhunderts immer gotischer wurden: Sakramentshäuschen für die Farnandacht.

Rezepte sind in beiden Büchern nicht enthalten. In der Küche läßt er sich dennoch verwenden: Einer Platte mit ordentlichen Brocken von pyrenäischem Bergkäse geben zwei untergeschobene Farnwedel urtümliches Ansehen und dazu noch einen Hauch von filigraner Eleganz.

Den Ahorn für den Herbst

Die Geschichte vom Prinzen Genji, aufgeschrieben um das Jahr tausend von Murasaki, einer Hofdame der Kaiserin von Japan, zeigt auf elfhundert Seiten, wie die erotischen Energien eines begnadeten Liebhabers von den Barrieren der höfischen Etikette gebremst werden. Und wie das voyeuristische Vergnügen des durch den Bambusvorhang spähenden Lesers geschmälert wird, wenn immer wieder Einschübe von Gartenlust das Interesse des Prinzen auch an Formen der Natur zur Geltung bringen, die nicht unter einem Kimono verborgen sind.

Die Japaner waren schon damals beim Kirschblütenfest ganz aus dem Häuschen. Im Herbst feierten sie mit nicht geringerer Emphase das Fest der roten Blätter: Die feine Gesellschaft wanderte hochgestimmt durch den Park oder gar in die Wälder, um sich der Betrachtung des Ahorns hinzugeben. »Wie beneidenswert schön werden Ahornblätter, bevor sie fallen.« Das ist ein sehr japanischer Seufzer. Vier Gärten hat der alternde Prinz Genji bei den Frauengemächern einrichten lassen. Sie waren je einer seiner Damen und zugleich einer Jahreszeit gewidmet. Die brennende Schwermut des Herbstgartens der Dame Akikonomu war ihm, obwohl er keinem Garten und keiner Dame den Vorzug geben wollte, schließlich doch am liebsten.

Ein Abglanz seiner starken Herbstgefühle leuchtet auch in europäischen Gärten, seit der Japanische Fächerahorn, Acer palmatum und Acer japonicum, zum festen Bestand der Baumschulen gehört. Je kleiner der Garten, desto besser eignen sich die meist niedrigen japanischen Büsche und gedrungenen Bäume mit dem stark gelappten oder geschlitzten Laub als Blickfang zwischen Wasser und Steinen, zumal sie im dunkler werdenden Jahr noch ein kräftiges Feuer entzünden. Wo fänden denn die zwanzig oder dreißig Meter hohen Ahornbäume Platz, die im Osten Nordamerikas dem Indian summer Farbe geben?

Als wir vor Jahren ein verwahrlostes Grundstück in Besitz nahmen, empfing uns am langen Zaun des Nachbarn eine Reihe von sehr hohen Ahornbäumen, deren himmelstürmendes, weitschwingendes und dann freundlich herabhängendes Geäst einlud: Wir nehmen auch euch unter unser luftiges Dach. Dieser amerikanische Silberahorn, Acer saccharinum Wieri, ist allerdings wieder etwas anderes als der noch amerikanischere und zugleich kanadische Zuckerahorn, Acer saccharum, der den Ahornsirup liefert. Während der Zuckerahorn orangerot bis scharlachrot verglüht, färbt sich das Laub des Silberahorns buttergelb. Warum werden die Blätter mancher Bäume rot, andere gelb oder bloß braun? Schwindet im Herbst das Licht, holt der Baum das bisher alles überdeckende und jetzt nicht mehr für die Assimilation benötigte Chlorophyll zurück. Im vertrocknenden Blatt können nun andere im Zellsaft enthaltene Farbstoffe wie das Carotin oder die für die Rotfärbung verantwortlichen Anthocyane neben den Gerbstoffen zum Vorschein kommen, und je nach der Zusammensetzung der Säfte dominiert dann diese oder jene Farbe.

Der Silberahorn des Nachbarn verdankt seinen Namen der silberweißen Unterseite der Blätter. Wenn die geflügelten Samen kreiselnd heruntersegeln, sind wir versucht, sie wie die Kinder auf die Nase zu pappen und als Nashörner durch den Garten zu gehen. Fallen die fünffach gezackten Blätter, geben sie dem jungen Bambus und empfindlichen Gehölzen eine daunenleichte Winterdecke, verflüchtigen sich aber auch, anders als die hartleibigen und verklebenden Blätter der Kirsche oder des Nußbaums, rasch im Komposthaufen.

Silberahorn, Zuckerahorn, Fächerahorn, Feldahorn, Bergahorn, Feuerahorn, Rotahorn, Schwarzer Ahorn, Felsenahorn, Spitzahorn, Samtahorn, Papierahorn – wer zählt die Arten, nennt die Namen? Es gibt auch den Weinblättrigen Ahorn, den Weißdornblättrigen Ahorn, Lindenblättrigen Ahorn, Hainbuchenahorn, Eschenahorn, Schlangenahorn. Wer sich die sehr verschiedenen Formen und Farben ihrer Blätter nicht nur auf dem Papier ansehen

Im Herbst wetteifern die Ahornblätter um das glühendste Rot. Das dunkle Feuer der mehr in die Breite als in die Höhe strebenden Büsche von Acer palmatum leuchtet weit

will (Roger Phillips: »Das Kosmosbuch der Bäume«, Franckh-Kosmos, Stuttgart), macht einen Ausflug nach Holland. In Boskoop arbeiten fast tausend Baumschulen zwischen großen und kleinen Kanälen. Einer der wenigen Betriebe, die auch Privatkunden empfangen, ist die Firma Esveld am nördlichen Ortsrand. Sie hat, neben dem großen Rhododendronsortiment und einigen tausend anderen Gewächsen von Abelia bis Widdringtonia, aberhundert Arten und Sorten von Ahorn im Katalog und im Gelände. Ausgewachsene Exemplare meist fernöstlicher Herkunft sind in einem Aceretum hinter den Pflanzenquartieren zu bestaunen und zu unterscheiden: Wuchs, Blätter, Rinde. Die ist nicht immer glatt und unauffällig, sondern auch weißgrau, zimtfarben oder grünweiß geriffelt.

Auf der Rückfahrt füllt den Kofferraum jedenfalls nicht nur Käse aus dem benachbarten Gouda. Vor allem, wenn man einen Fächerahorn zu ersetzen hat, der schon begonnen hatte, seinen flachen Schirm über den Bach zu breiten. Es war ein Acer palmatum dissectum Viridis. Als mitten im Sommer plötzlich zwei Äste abstarben, glaubten wir, die Wühlmaus sei schuld, weil sie einen Gang quer durchs Wurzelwerk genagt hatte. Im folgenden Frühjahr war auch das restliche Holz tot, ein einziger Zweig versuchte noch auszutreiben, da dachten wir, der Frost habe dem geschwächten Strauch den Rest gegeben. Es war aber die Viticillium-Welke, eine Pilzkrankheit, gegen die es kein Mittel gibt. Der Pilz dringt durch die Wurzel in die Pflanze, so daß der Rückschnitt ins scheinbar gesunde Holz nichts nützt; das Bäumchen ist verloren. Gottlob werden nur manche Sorten betroffen, und auch die nicht immer. Ein Gärtnerfreund sagt, der Fächerahorn Aconitifolium sei nicht anfällig. Wir hoffen, daß er recht behält. Der Garten soll ein Frühlingsgarten sein, aber einer, in dem der Prinz Genji auch im Herbst mit flatternden Ärmeln das Fest der roten Blätter feiern könnte.

Tannen sind schön für den Wald

W ir hatten in der Schule einen Lehrer mit großem Kopf, der sagte uns, daß in verhältnismäßig sehr kurzer Zeit das mittlere Europa ein einziger großer Wald wäre, wenn die Zivilisation zurückginge. Wenn nicht Menschen da wären, die gegen das Wachsen des Waldes ankämpften, träte der Wald frei, als herrschendes Ganzes auf. Das gab uns zu denken.«

Als Robert Walser auf der Schulbank saß, mußte niemand ernstlich einen Kollaps der Zivilisation befürchten. Und es ahnte wohl keiner, daß der seit langem ungleiche Kampf des Menschen gegen den Wald schon hundert Jahre später an einem Punkt sein werde, wo der Gegner geschont, ja gepäppelt werden muß. Wird noch irgendwo gekämpft gegen die Macht des Waldes? Der Wald ist auf dem Rückzug. Wo ihn die Axt nicht erreicht, trifft ihn der saure Regen. Der Wald ist geschlagen.

Dennoch müssen wir uns wehren! Der Wald stirbt, aber die Waldbäume sind auf dem Marsch: Blaufichten, Silbertannen und Schwarzkiefern, Gold-Eiben und Douglasien, Tränenkiefern, Korea-Tannen – Hundertschaften solcher Partisanen sind dabei, unsere Gärten zu erobern. Die Zedern kommen als Einzelkämpfer, die Scheinzypressen und Säulenwacholder in ganzen Trupps. Ein Rachefeldzug, der nicht aufzuhalten ist.

Seit Jahrzehnten wird gegen die Koniferenversammlungen in den Gärten der Neubaugebiete polemisiert. Aber stört's wen? Die Baumschulen ziehen unverdrossen Nadelregimenter nach. Je größer der Baum, desto eher wird sich seine Uniform vom frischen Tannengrün zum Blaugrauen wenden, die kleineren Figuren dürfen gern auch mal ins Goldgelbe changieren. Seriös ist jedoch nur die dunkle Uniform. Dunkel gilt immer noch für fein. Auch das Auto in der Garage ist mausgrau, wenn nicht schwarz. Wie sollten die Gärten anders sein als konventionell. Die Menschheit ist eine Hammelherde. Die Historiker lernen nichts aus der Geschichte, die Gartenbesitzer wiederholen die Fehler der Nachbarn. Der das schreibt, weiß, wovon er redet. Bei der Gartenplanung war ihm ein Essay von Siedler im Gedächtnis, der die Vertreibung der breitkronigen Laubbäume aus den Gärten beklagt. Aber dann, als es darum ging, den offenen Lehm zu bedecken und das freie Stück Land rasch gegen Einblicke zu schützen, als Freunde grüne Geschenke brachten und Überzähliges aus ihren Gärten zur Verfügung stellten, standen plötzlich filzige Rotfichten am Zaun, luftige Weißtannen, eine Lärche und fränkische Föhren dazwischen. Dann wurden auch noch drei Piniensämlinge aus den zu klein gewordenen Töpfen ins Freie gepflanzt. Und nicht genug damit! Das strenge Glück des Fernen Ostens durfte auch nicht fehlen. Drum steht im klösterlichen Kies des Vorgartens eine Japanische Rotkiefer, hinterm Haus stürmen zwei chinesische Metasequoien gen Himmel, und seitwärts, wo der Bach im Geröll verschwindet, beginnt eine Japanische Schwarzkiefer bizarr die Äste zu breiten.

Die schnellen Chinesen, sie sind nun nach sieben Jahren zwölf Meter hoch, und die langsamen japanischen Kiefern haben sich Wohnrecht erworben. Auch die Pinien, die nicht nur milde Winter überstanden haben. Sie schmücken. Ein Garten ist auch eine Galerie: Exoten werden ausgestellt und eingebunden. Den heimischen Waldgehölzen, so sie noch stehen, droht jedoch die Säge. Die kleineren hatten das zweifelhafte Glück, als Weihnachtsbäume ins Haus geholt zu werden und dort Andersens Märchen vom enttäuschten Tannenbaum zu hören. Die anderen dürfen noch Deckreisig liefern, bevor sie den Kamin befeuern. Grausam? Ja. Aber es ist Notwehr! Im tiefen Schatten der Tannen und Fichten verdrängt erst das Moos den Rasen und die Veilchen, später wird es auch dem Moos unbehaglich. Sogar der Efeu zögert. Tannen sind schön im Wald.

Darum soll Robert Walser, der beredte und nachdenkende Schweizer, noch einmal das Wort haben: »Wie prachtvoll sind Tannenwälder im Winter, wo die hohen, schlanken Tannen überschwer mit dem weichen, dicken Schnee beladen sind, so daß sie ihre Äste

O Tannenbaum, der du fast immer eine Fichte bist: Zur Weihnacht erleuchtest du die Wohnstuben, aber unsere Gärten solltest du nicht verdunkeln

lang und weich herabsenken, zu der Erde, die ebenfalls vor lauter dickem Schnee nicht sichtbar ist! Ich, der Verfasser, bin viel durch Wintertannenwälder gewandert und habe immer die schönsten Waldsommer dabei vergessen können.«

Wir müssen ihm das glauben, dem Verfasser, daß er über der winterlichen Augenlust den harzigen Duft des Sommers im Wald vergessen hat. Und die schlanken Bäume, die unter der Last des Schnees ihre Äste lang und weich zur Erde senkten, mögen in Walsers Heimat tatsächlich Tannen gewesen sein. In deutschen Mittelgebirgen hat es der Spaziergänger fast immer mit Fichten zu tun. Denn die Tanne stellt die Äste waagrecht aus, auch noch die untersten. Es sind die Fichten, die mit schwingenden Ästen, deren Seitentriebe als grüner Behang abwärts rieseln, wie in zu weiten Kleidern dasitzen. Auch die Zapfen der Fichten hängen, bündelweise, bevor sie zu Boden fallen. Doch die Tannenzapfen stehen wie

Kerzen am Zweig und bleiben droben, bis sie nach der Samenreife zerfallen.

Robert Walsers schlanke schweizerische Tannen, deren dunkle Horste dem Schwarzwald den Namen gegeben haben, sind Weißtannen, Abies alba. Die flachen Nadeln breiten sich am Zweig kammartig nach zwei Seiten, die Unterseite zieren zwei weiße Streifen. Nach der Arbeit mit Tannenzweigen haftet ein schwacher Zitronengeruch an den Fingern. Stark nach Zitrone riechen die zerriebenen Nadeln der Amerikanischen Weißtanne, der Coloradotanne, Abies concolor. Die Nadeln der Pazifischen Weißtanne, Abies amabilis, die in Oregon und Washington zu Hause ist, duften nach Mandarinen. Die spiralig um den Zweig stehenden Nadeln unseres europäischen Weihnachtsbaums, der Rotfichte, Picea abies, riechen auch würzig, aber nicht so weihnachtlich, sondern nach Fichtennadelextrakt, also nach Badesalz.

Fichten und Tannen sind in den Wolken zu Haus. Sie sind Gebirgsbäume, keine Gartenbewohner. Regen und Nebel, das ist ihr Element. Und der Wind in den Zweigen. Christian Morgenstern ist Zeuge: »Zwei Tannenwurzeln groß und alt / unterhalten sich im Wald. // Was droben in den Wipfeln rauscht, / das wird hier unten ausgetauscht. // Ein altes Eichhorn sitzt dabei / und strickt wohl Strümpfe für die zwei. // Die eine sagt: knig. Die andre sagt: knag. / Das ist genug für einen Tag.«

Register

Acer aconitifolium *158* Acer japonicum *155* Acer palmatum *155* Acer saccharinum Wieri *156* Acer saccharum *156* Ackervergißmeinnicht *59* Ackerwinde *85* Ahorn *155f.* Akelei *113f.* Alpenveilchen *95f.* Alpenvergißmeinnicht *60* Ananas-Salbei *143* Anemone *99f.* Anemone blanda *102* Anemone coronaria *103* Anemone ranunculoides *103* Anemone nemorosa *99* Antirrhinum hispanicum *31* Antirrhinum majus *32* Antirrhinum sempervirens *31* Apothekerprimel *110* Aquilegia alpina *113* Aquilegia flabellata *113* Aquilegia vulgaris *113* Aster *145f.* Aster alpinus *146* Aster amellus *146* Aster dumosus *148* Aster novae-angliae *148* Aster novi-belgii *148* Aster tongolensis *146* Astilbe *77f.* Astilbe chinensis pumila *79* Aurikel *110*

Balldahlie *39* Bauernrose *26* Becherfarn *152* Berganemone *102* Besenheide *43f.* Birne *91f.* Buschwindröschen *99f.*

Callistephus sinensis *146* Calluna vulgaris *43f.* Chrysanthemum maximum *146* Convolvulus arvensis *85* Cornwallheide *46* Cyclamen coum *98* Cyclamen graecum *97* Cyclamen hederifolium *95f.* Cyclamen persicum *97* Cyclamen purpurascens *97*

Dahlie *38f.* Davidia *104f.* Davidia involucrata *107* Digitalis *71f.* Digitalis ferruginea *76* Digitalis grandiflora *76* Digitalis laneta *76* Digitalis lutea *76* Digitalis purpurea *75* Dryopteris filix-mas *152* Duftpelargonie *130*

Echter Lavendel *36* Echter Thymian *122* Echte Schlüsselblume *108* Edelpelargonie *128* Efeublättriges Alpenveilchen *97* Efeupelargonie *126* Eibe *47f.* Erica arborea *45* Erica gracilis *43* Etagenprimel *110*

Farn *149f.* Feldthymian *122* Fichte *159f.* Fingerhut *71f.* Foxglove *71* Französischer Thymian *122* Frauenhaarfarn *152* Frühlingsaster *146*

Gartensalbei *141* Gartenthymian *122* Gartenvergißmeinnicht *60* Gartenzwerg *131f.* Geißblatt *118f.* Gelber Fingerhut *76* Geranie *126f.* Gera-

nium *126* Glattblattaster *148* Glockenheide *46* Glücksklee *69* Golderdbeere *79* Großblütiger Fingerhut *76* Großer Speik *36*

Halskrausendahlie *41* Heckenkirsche *120* Heidekraut *43 f.* Herbst-
aster *146* Himmelsschlüssel *108 f.* Hirschzungenfarn *153* Hohe Schlüsselblume *108*

Immergrün *19 f.* Irische Eibe *50*

Japaneibe *50* Japanischer Fächerahorn *155* Jelängerjelieber *118 f.*

Kaktusdahlie *39* Klee *67 f.* Kleines Immergrün *19 f.* Kissenaster *148*
Kissenprimel *108* Kronenanemone *103* Kugelprimel *110*

Lavendel *33 f.* Lavendula angustifolia *36* Lavendula latifolia *36* Leimpri-
mel *110* Leucojum aestivum *13* Leucojum autumnale *13* Leucojum
longifolium *13* Leucojum nicaeense *13* Leucojum rosea *13* Leucojum
trichyllum *13* Leucojum vernum *11* Löwenmaul *29 f.* Lonicera americana *119* Lonicera caprifolium *118* Lonicera etrusca *119* Lonicera heckrottii *121* Lonicera periclymenum *118* Lysimachia nummularis *21*

Märzenbecher *11 f.* Magnolia denudata *53* Magnolia grandiflora *55* Mag-
nolia kobus *55* Magnolia loebneri *55* Magnolia liliiflora *54* Magnolia soulangiana *54* Magnolia stellata *55* Magnolia watsonii *55* Magnolie *53 f.*
Matteuccia struthiopteris *152* Mehlprimel *110* Mignondahlie *41* Myosotis
alpestris *60* Myosotis arvensis *59* Myosotis palustris *51 f.* Myosotis rehsteineri *60* Myosotis sylvatica *60*

Nördliches Geißblatt *118* Nymphea alba *138* Nymphea artropurpurea *138*
Nymphea marliacea *138*

Oxalis acetosella *68* Oxalis deppei *69*

Paeonia lactiflora *27* Paeonia officinalis *27* Paeonia suffruticosa *26 f.*
Päonie *23 f.* Pelargonie *126 f.* Pfennigkraut *21* Pfingstrose *23 f.* Pompondahlie *39* Primel *108 f.* Primula eliator *108* Primula veris *108* Primula
vulgaris *109* Purpurmagnolie *55*

Quendel *122*

Rauhblattaster *148*　Rhabarber *15f.*　Riesenvergißmeinnicht *60*　Rosmarin *63f.*　Rosmarinus officinalis *63*　Rostfarbener Fingerhut *76*　Roter Fingerhut *75*

Salbei *141f.*　Salvia sclarea *143*　Salvia elegans *143*　Salvia lavendula *143*　Salvia nemorosa *143*　Salvia officinalis *141f.*　Sauerklee *68*　Schattengare *20* Schlüsselblume *108f.* Schmuckdahlie *39* Schneeheide *44f.* Schopflavendel *36*　Schwertfarn *152*　Seerose *135f.* Semikaktusdahlie *39*　Silberahorn *156*　Sommeraster *145*　Sommertürchen *13*　Spanischer Salbei *143* Sternmagnolie *55*　Strauchaster *148*　Straußfarn *152*　Südliches Geißblatt *118* Sumpfvergißmeinnicht *59*

Tanne *159f.*　Taschentuchbaum *105*　Taubenbaum *104f.*　Taxus baccata *50* Taxus cuspidata *50*　Taxus media Hicksii *50*　Teppichprimel *110*　Thymian *122f.*　Thymus citriodorus *124*　Thymus herba barona *124*　Thymus praecox *124* Thymus pulegioides *122* Thymus serpyllum *122* Thymus vulgaris *122*　Trichterfarn *152*　Trifolium pratense *67*　Trifolium repens *67*

Unkraut *83f.*

Vergißmeinnicht *59f.*　Victoria regia (amazonica) *135*　Vinca minor *20*

Waldakelei *113*　Waldgeißblatt *118*　Waldprimel *110*　Waldsteinia ternata *79*　Waldvergißmeinnicht *60*　Wildalpenveilchen *97*　Windröschen *103* Wurmfarn *152*

Zahnlavendel *36*　Zonalpelargonie *126*　Zuckerahorn *156*

Inhalt

Vorwort 9

Der Märzenbecher 11

Rhabarber verlangt nach Wein 15

Es grünt das Kleine Immergrün 19

Die kaiserliche Päonie 23

Gefräßig ist das Löwenmaul 29

Lavendel scheut das Wasser nicht 33

Die Dahlie hat viele Verächter 38

Heide blüht immer 43

Die Eibe ist ein Geschenk des Himmels 47

Magnolie heißt Fleischeslust 53

Vergißmeinnicht 59

Kränzt mir mein Haupt mit Rosmarin 63

Über den grünen Klee 67

Mein Roter Fingerhut blüht weiß 71

Zur Astilbe bekehrt 77

Unsere Unkräuter 83

Der Garten braucht Wasser 87

Birnen sind weiblich 91

Die Entdeckung des Alpenveilchens 95

Anemonen für das Eichhorn 99

Der Taubenbaum winkt mit weißen Tüchern 104

Schlüsselblume und Himmelsschlüssel 108

Die Akelei kommt aus dem Wald 113

Jelängerjelieber 118

Teppiche aus Thymian 122

Das Geheimnis der Geranie 126

Die Lust zum Gartenzwerg 131

Die Seerosen Claude Monets 135

Wenn die Salbeimäuse springen 141

Die Schmetterlinge auf den Astern 145

Der Farn und seine Rätsel 149
Den Ahorn für den Herbst 155
Tannen sind schön im Wald 159
Register 164

Literatur und Reisen
im insel taschenbuch

Alt-Prager Geschichten. Gesammelt von Peter Demetz. Mit Illustrationen von Hugo Steiner-Prag. it 613

Alt-Wiener Geschichten. Gesammelt von Joseph Peter Strelka. Mit sechs farbigen Abbildungen. it 784

Das andere Ferienbuch. Herausgegeben von Vera Pagin und Hans-Joachim Simm. it 1174

Ernst Batta: Römische Paläste und Villen. Annäherung an eine Stadt. Mit zahlreichen Abbildungen. it 1324

Berlin. Literarischer Führer. Von Fred Oberhauser und Nicole Henneberg. Mit farbigen Abbildungen. it 1412

Sigrun Bielfeldt: Literarischer Führer durch Moskau. Mit zahlreichen Abbildungen. it 1382

Bodensee. Reisebuch. Herausgegeben von Dominik Jost. Mit zahlreichen Abbildungen. it 1490

Bonn. Ein Städte-Lesebuch. Herausgegeben von Doris Maurer und Arnold E. Maurer. Mit zahlreichen Abbildungen. it 1224

Kai Brodersen: Die Sieben Weltwunder. Philon von Byzanz und andere antike Texte. Zweisprachige Ausgabe von Kai Brodersen. Mit zahlreichen Abbildungen. it 1392

Dresden. Ein Reiselesebuch. Herausgegeben von Katrin Nitzschke. Unter Mitarbeit von Reinhard Eigenwill. Mit zahlreichen Abbildungen. it 1365

Das Ferienbuch. Literarische Souvenirs, aufgelesen von Vera Pagin und Hans-Joachim Simm. it 1082

Dominique Fernandez: Süditalienische Reise. Aus dem Französischen von Julia Kirchner. Mit farbigen Fotografien von Martin Thomas. it 1076

Flandern. Ein literarisches Landschaftsbild. Herausgegeben von Werner Jost und Joost de Geest. it 1254

Florenz. Lesarten einer Stadt. Herausgegeben von Andreas Beyer. Mit zahlreichen Illustrationen. it 633

Florida. Reisebuch. Herausgegeben von Katharina Frühe und Franz Josef Görtz. Mit zahlreichen Abbildungen. it 1492

Theodor Fontane: Jenseit des Tweed. Bilder und Briefe aus Schottland. Mit zahlreichen Abbildungen und einem Nachwort herausgegeben von Otto Drude. it 1066

Georg Forster: Reise um die Welt. Herausgegeben und mit einem Nachwort von Gerhard Steiner. it 757

158/1/8.92

Literatur und Reisen
im insel taschenbuch

Frankfurt. Reisebuch. Herausgegeben von Herbert Heckmann. Mit zahlreichen Abbildungen. it 1438

Manuel Gasser: Spaziergang durch Italiens Küchen. Mit Bildern von Manfred Seelow. it 391

Johann Wolfgang Goethe: Italienische Reise. Mit vierzig Zeichnungen des Autors. Herausgegeben und mit einem Nachwort versehen von Christoph Michel. it 175

– Tagebuch der Italienischen Reise 1786. Notizen und Briefe aus Italien. Mit Skizzen und Zeichnungen des Autors. Herausgegeben und erläutert von Christoph Michel. it 176

– Tagebuch der ersten Schweizer Reise 1775. Goethes letzte Schweizer Reise. Mit den Zeichnungen des Autors und einem vollständigen Faksimile der Handschrift, herausgegeben und erläutert von Hans-Georg Dewitz. it 300/375

Dietmar Grieser: Wiener Adressen. Ein kulturhistorischer Wegweiser. it 1203

Hamburg. Ein Städte-Lesebuch. Herausgegeben von Eckart Kleßmann. it 1312

Victor Hehn: Olive, Wein und Feige. Kulturhistorische Skizzen. Herausgegeben von Klaus von See unter Mitwirkung von Gabriele Seidel-Leimbach. Mit farbigen Abbildungen. it 1427

Heidelberg-Lesebuch. Stadt-Bilder von 1800 bis heute. Herausgegeben von Michael Buselmeier. it 913

Heinrich Heine: Briefe aus Berlin. Herausgegeben von Joseph A. Kruse. it 1322

– Italien. Mit farbigen Illustrationen von Paul Scheurich. it 1072

Hermann Hesse: Mit Hermann Hesse durch Italien. Ein Reisebegleiter durch Oberitalien. Mit farbigen Fotografien. Herausgegeben von Volker Michels. it 1120

Mit Hermann Hesse reisen. Betrachtungen und Gedichte. Herausgegeben von Volker Michels. it 1242

Istanbul. Herausgegeben von Esther Gallwitz. Mit Illustrationen von Thomas Allom. it 530

Erhart Kästner: Griechische Inseln. Aufzeichnungen aus dem Jahre 1944. Mit einem Nachwort von Heinrich Gremmels. it 118

– Kreta. Aufzeichnungen aus dem Jahre 1943. Mit einem Nachwort von Heinrich Gremmels. it 117

Literatur und Reisen
im insel taschenbuch

– Die Lerchenschule. Aufzeichnungen von der Insel Delos. it 57

– Ölberge, Weinberge. Ein Griechenland-Buch. Mit Zeichnungen von Helmut Kaulbach. it 55

– Ölberge, Weinberge. Die Stundentrommel vom heiligen Berg Athos. 2 Bände in Kassette. it 55/56

Erhart Kästner: Die Stundentrommel vom heiligen Berg Athos. it 56

Kunstführer durch Sachsen und Thüringen. Herausgegeben von Katharina Flügel. Mit farbigen Abbildungen. it 1327

Carl von Linné: Lappländische Reise. Mit Zeichnungen des Autors. Aus dem Schwedischen übersetzt von H. C. Artmann unter Mitwirkung von Helli Clervall. it 102

Literarischer Führer durch Schwarzwald und Oberrhein. Ein Insel-Reisebuch. Herausgegeben von Hans Bender und Fred Oberhauser. Mit zahlreichen Abbildungen. it 1330

London. Eine europäische Metropole in Texten und Bildern. Herausgegeben von Norbert Kohl. it 322

Doris Maurer / Arnold E. Maurer: Literarischer Führer durch Italien. Ein Insel-Reiselexikon. Mit zahlreichen Abbildungen, Karten und Registern. it 1071

Doris Maurer / Arnold E. Maurer: Literarischer Führer durch Venedig. Mit farbigen Abbildungen. it 1413

Günter Metken: Reisen als schöne Kunst betrachtet. Erlebtes und Gesehenes aus fernen Ländern. Mit Photographien von Sigrid Metken. it 639

Mit Rilke durch das alte Prag. Herausgegeben von Hartmut Binder. Mit zahlreichen Abbildungen. it 1489

Michel de Montaigne: Tagebuch einer Reise durch Italien. Aus dem Französischen von Otto Flake. it 1074

Sigrun Bielfeldt: Literarischer Führer durch Moskau. Mit zahlreichen Abbildungen. it 1382

München. Ein Lesebuch. Herausgegeben von Reinhard Bauer und Ernst Piper. Mit zahlreichen Abbildungen. it 827

Fred Oberhauser / Gabriele Oberhauser: Literarischer Führer durch Deutschland. Ein Insel-Reiselexikon für die Bundesrepublik Deutschland und Berlin. Mit Abbildungen, Karten und Registern. it 527

Paris. Deutsche Republikaner reisen. Herausgegeben von Karsten Witte. it 389

158/3/8.92

Literatur und Reisen
im insel taschenbuch

Ernst Penzoldt: Sommer auf Sylt. Liebeserklärungen an eine Insel. Mit farbigen Zeichnungen des Verfassers. Herausgegeben von Volker Michels. it 1424

Potsdam. Ein Reise-Lesebuch. Herausgegeben von Doris Maurer und Arnold E. Maurer. Mit farbigen Abbildungen. it 1432

Prag. Ein Lesebuch. Herausgegeben von Jana Halamičková. Mit zahlreichen Abbildungen. it 994

Rom. Ein Städte-Lesebuch. Herausgegeben von Michael Worbs. it 921

Salzburg. Ein Städte-Lesebuch. Herausgegeben von Adolf Haslinger. Mit zahlreichen Abbildungen. it 1326

Schleswig-Holstein. Ein Reiselesebuch. Herausgegeben von Dieter-Alpheo Müller und Fred Oberhauser. Mit zahlreichen Abbildungen. it 1393

Südtirol. Ein literarisches Landschaftsbild. Herausgegeben von Dominik Jost. it 1317

Toskana. Ein literarisches Landschaftsbild. Herausgegeben von Andreas Beyer. Mit Fotografien von Loretto Buti. it 926

Tübingen. Ein Städte-Lesebuch. Herausgegeben von Gert Ueding. Mit zahlreichen Abbildungen. it 1246

Umbrien. Reisebuch. Herausgegeben von Isolde Renner. Mit zahlreichen Abbildungen. it 1491

Venedig. Herausgegeben von Doris Maurer und Arnold E. Maurer. Mit zahlreichen Abbildungen. it 626

Warum in die Ferne? Das Lesebuch vom Daheimbleiben. Eingerichtet von Hans Christian Kosler. it 1332

Die Welt der Museen. Herausgegeben von Joachim Rönneper. it 1493

Westfalen. Ein Reiselesebuch. Herausgegeben von Hans Georg Schwark und Fred Oberhauser. Mit zahlreichen Abbildungen. it 1394

Wien im Gedicht. Herausgegeben von Gerhard C. Krischker. it 1488

158/4/8.92

Essen und Trinken
im insel taschenbuch

Jean Anthèlme Brillat-Savarin: Physiologie des Geschmacks oder Betrachtungen über das höhere Tafelvergnügen. Ausgewählt, übersetzt und eingeleitet von Emil Ludwig. Mit Holzschnitten der Ausgabe von 1864. it 423

Manuel Gasser: Köchel-Verzeichnis. Kulinarische Erinnerungen und Erfahrungen mit vielen seltenen Rezepten. Mit Illustrationen von Heinz Edelmann. it 96

– Die Küche meiner Tante Mélanie. Französische Hausmannskost von Anno dazumal. Mit Illustrationen von Boris von Borodine. it 192

– Spaziergang durch Italiens Küchen. Mit Bildern von Manfred Seelow. it 391

Kakuzo Okakura: Das Buch vom Tee. Aus dem Japanischen übertragen und mit einem Nachwort versehen von Horst Hammitzsch. Mit Fotos it 412

165/1/8.92

Kulturgeschichte
im insel taschenbuch

Ernst Batta: Römische Paläste und Villen. Annäherung an eine Stadt. Mit zahlreichen Abbildungen. it 1324

Jean Anthèlme Brillat- Savarin: Physiologie des Geschmacks oder Betrachtungen über das höhere Tafelvergnügen. Ausgewählt, übersetzt und eingeleitet von Emil Ludwig. Mit Holzschnitten der Ausgabe von 1864. it 423

Kai Brodersen: Die Sieben Weltwunder. Philon von Byzanz und andere antiken Texte. Zweisprachige Ausgabe von Kai Brodersen. Mit zahlreichen Abbildungen. it 1392

Goethes Feste. Festliche Texte. Ausgewählt und mit einem Nachwort versehen von Uwe Hebekus. Mit zahlreichen Abbildungen. it 1325

Dietmar Grieser: Wiener Adressen. Ein kulturhistorischer Wegweiser. it 1203

Victor Hehn: Olive, Wein und Feige. Kulturhistorische Skizzen. Herausgegeben von Klaus von See unter Mitwirkung von Gabriele Seidel-Leimbach. Mit farbigen Abbildungen. it 1427

Freia Hoffmann: Instrument und Körper. Die musizierende Frau in der bürgerlichen Kultur. it 1274

Adolph von Knigge: Über den Umgang mit Menschen. Herausgegeben von Gert Ueding mit Illustrationen von Chodowiecki und anderen. it 273

Michael Schroeder: Kleine Wappenkunst. Mit farbigen Abbildungen. it 1281

Was wir gespielt haben. Erinnerungen an die Kinderzeit. Herausgegeben von Ingeborg Weber-Kellermann und Regine Falkenberg. Mit zahlreichen Abbildungen. it 1371

Das Wiener Kaffeehaus. Herausgegeben von Kurt J. Heering. it 1318